新媒体·新传播·新运营 系列丛书

第3版

U0733457

新媒体文案创作与传播

AIGC 版

微课版

宋嘉庚 叶琳 ◎ 主编

勾俊伟 ◎ 副主编

人民邮电出版社

北京

图书在版编目（CIP）数据

新媒体文案创作与传播 : AIGC 版 : 微课版 / 宋嘉
庚，叶琳主编. -- 3 版. -- 北京 : 人民邮电出版社，
2025. --（新媒体·新传播·新运营系列丛书）.
ISBN 978-7-115-66631-4

Ⅰ. G206.2

中国国家版本馆 CIP 数据核字第 20255NW219 号

内 容 提 要

本书紧密对接产业升级和新媒体技术变革趋势，对接新媒体文案相关岗位需求，采用项目任务式
体例，全面深入讲解新媒体文案创作与传播的相关内容。本书共 8 个项目，包含新媒体文案概述、新
媒体文案的创作思路、新媒体文案的写作技巧、销售文案和品牌传播文案的写作、新媒体文案的传播、
不同社交媒体的特征及内容策划、直播文案策划思路与技巧、新媒体文案相关技能。

本书结构合理、案例丰富，适合作为高等院校、高等职业院校新闻传播类、电子商务类专业"新
媒体文案"相关课程的教学用书，也可供从事企业营销和新媒体传播实践工作的读者使用。

◆ 主　　编　宋嘉庚　叶　琳
　　副 主 编　勾俊伟
　　责任编辑　曹可可
　　责任印制　王　郁　彭志环
◆ 人民邮电出版社出版发行　　　北京市丰台区成寿寺路 11 号
　　邮编　100164　电子邮件　315@ptpress.com.cn
　　网址　https://www.ptpress.com.cn
　　北京天宇星印刷厂印刷
◆ 开本：787×1092　1/16
　　印张：11.5　　　　　　　　2025 年 1 月第 3 版
　　字数：299 千字　　　　　　2025 年 1 月北京第 1 次印刷

定价：52.00 元

读者服务热线：(010)81055256　印装质量热线：(010)81055316
反盗版热线：(010)81055315

前言
FOREWORD

党的二十大报告指出："加快发展数字经济，促进数字经济与实体经济深度融合，打造具有国际竞争力的数字产业集群。"加快发展数字经济需要更多技能型人才。

随着智能手机的普及，大部分消费者的注意力更多地转移到与手机相关的应用上，消费者通过各种新媒体平台（如微信、微博等）与朋友沟通，并获得更多的资讯。企业的广告营销也从传统的电视、广播、杂志、报纸等平台更多地转移到新媒体平台上，文案在企业新媒体营销中的重要性日益突出，市场对新媒体文案人才的需求也随之旺盛，为此编者编写了本书。

本书主要是在主流营销广告与传播学的理论基础上，结合国内外新的相关研究成果及新媒体文案创作与传播的长期实践经验编写而成的。本书中的大量案例来源于编者十几年的一线文案工作经历，以及叶小鱼文案学社的研讨案例、叶小鱼营销工作室所服务客户的实际案例，并获得了客户授权分享公布。因新媒体变化快速，日新月异，读者在应用本书的内容时需要结合实际情况。

本书从新媒体文案概述入手，到介绍新媒体文案相关技能，希望能够一步步引导读者成为一名合格的新媒体文案人员。本书主要内容包含新媒体文案概述、新媒体文案的创作思路、新媒体文案的写作技巧、销售文案和品牌传播文案的写作、新媒体文案的传播、不同社交媒体的特征及内容策划、直播文案策划思路与技巧和新媒体文案相关技能。

本书设置了"课堂讨论""拓展阅读""文案实战训练"等模块，让读者能够在课堂讨论中启发思考，在拓展阅读中开阔视野，在文案实战训练中获得实践经验，从而让知识转化为技能。

另外，新媒体文案人员必须不断地学习与积累。文案专家约瑟夫·休格曼提出："要想成为一个文案撰稿人，你需要有足够的知识储备。"知识储备包含与营销相关的专业知识，如消费者心理学、消费者行为学、广告学等，以及其他领域的知识，涉猎不同领域有助于文案写作。本书作为新媒体文案的入门级教材，能够帮助读者拥有基本的技能，让读者打开新媒体文案创作与传播的大门。希望读者持续努力，不断探索、学习，掌握更新、更好的文案写作技能。

本书提供丰富的PPT、教案、微课视频等立体化的配套资源，用书教师可以登录人邮教育社区（www.ryjiaoyu.com）下载并获取配套资源。

为更好地指导实操，本书经不断迭代已升级为第3版，在《新媒体文案创作与传播（第2版 视频指导版）》基础上增加电商文案策划、长文案框架拆解及写作原则、直播文案策划、AI

文案应用、小红书内容写作及更多案例、教学实操活动。本书由宋嘉庚、叶琳担任主编，由勾俊伟担任副主编。感谢深圳如鱼得水营销咨询有限公司提供的行业实践指导，感谢叶小鱼营销工作室的文案需求方凡小妹、淳风派、林清轩等愿意将文案沟通等各种工作细节，毫无保留地授权给本书呈现，感谢叶小鱼营销工作室的小伙伴们全力以赴的文案工作，同时感谢广大教师基于教学提出的改进意见，通过校企双元协同开发模式，本版在着眼文案工作实践的同时更贴近教学。

编　者

2024年10月

目录
Contents

项目一
新媒体文案概述

【学习目标】

- 了解新媒体和新媒体文案的概念。
- 掌握新媒体文案的特点。
- 掌握新媒体文案的重要性。
- 熟悉新媒体文案的类型。
- 掌握新媒体文案判断标准。
- 掌握新媒体短文案写作。

【能力目标】

- 能够分析新媒体文案的特点与所属类型，依据判断标准评估文案质量。
- 能够运用写作技巧创作符合传播需求的新媒体短文案。

【素养目标】

- 响应国家创新驱动发展战略，推进新媒体行业健康发展。
- 在新媒体文案创作中弘扬工匠精神，培养精品意识。

1

任务一　什么是新媒体文案

↘ 一、新媒体的概念

课堂讨论

你觉得以下媒体中哪些属于新媒体？请在表1-1中相应的选项后面打钩。

表1-1　媒体列表

选项	是否属于新媒体
得到App	
十点读书微信公众号	
小红书	
微博	
电视	
报纸	
杂志	
抖音	

"媒体"一词源于拉丁语"Medius"，也常被翻译为媒介。

广义的媒体指的是人们用来传递信息与获取信息的工具。大众传播学研究人员马歇尔·麦克卢汉认为："从社会意义上看，媒介即信息。"媒介是人们感官的延伸。例如，文字及其载体（如印刷媒体）便是人类视觉能力的延伸。

狭义的媒体指的是传统的四大媒体，包括电视、广播、报纸和杂志，它们是人类社会产生的早期媒体形式。

新媒体则是相对于传统媒体而言的，指随着计算机网络及数字技术发展而新兴的一些媒体。如早期的数字电视、交互式网络电视（Internet Protocol Television，IPTV），20世纪90年代兴起的互联网门户网站、应用论坛、电子邮件等，都被称为"新媒体"。

随着时间的推移，数字技术不断更新及移动互联网快速发展，PC端的内容已逐渐被归类到传统媒体中，近年来被称为"新媒体"的则是随着移动互联网技术发展而兴起的媒体渠道，主要有以下几类。

社交类应用：QQ、微信、微博等。

新闻资讯类应用：今日头条、网易新闻、腾讯新闻等。

短视频娱乐类应用：抖音、快手、小红书、视频号等。

长视频娱乐类应用：优酷、哔哩哔哩（Bilibili）、爱奇艺等。

围绕着"吃""喝""住""行""玩"等的垂直类应用：美团、大众点评、高德地图等。

图1-1所示为新媒体示例（个人的小红书账号）。

图1-1　新媒体示例

新媒体，指当下新的媒体渠道。时代不同，新媒体的内容也不同。新媒体发展有三个特点：技术新、渠道新、用户年轻。

（1）技术新。例如，随着移动互联网的兴起，出现了微信、手机淘宝、今日头条、抖音等App，使得人们的沟通、购物、看新闻、娱乐等不再局限于PC端。可以预见，随着5G、人工智能（Artificial Intelligence，AI）等技术的发展，必将为新媒体注入强大的动能，会涌现更多新兴媒体。技术，是新媒体的生命线。

（2）渠道新。由于技术的更新，势必会出现更适应于当下的媒体渠道。正如数字电视相对于传统电视，移动互联网相对于传统互联网。新媒体的"新"，很大程度上体现在这些更高效、更智能、更富沉浸感和社交属性的传播载体上。

（3）用户年轻。由于技术新、渠道新，新媒体的早期接触者多为年轻人。年轻人对新事物接受度高、适应能力强，更乐于接受由于技术变革带来的新型媒介体验。年轻人不仅是新媒体的主要使用者，而且是新媒体平台内容创作和潮流引领的重要力量。

↘ 二、新媒体文案的概念

文案，是广告的一种表现形式，也是对一种职业的称呼。

文案是广告的一种表现形式。文案来源于广告行业，是"广告文案"的简称，也是企业达成商业目的的表现形式。目前，广告文案有广义与狭义之说。广义的广告文案是指广告作品的全部内容，包括广告的语言文字、图片、创意等表现形式。狭义的广告文案仅指广告作品中的语言文字部分，如广告的标题、副标题等。

文案是对一种职业的称呼。作为职业出现时，文案对应的英文为Copywriter，可译作文案写手，指的是专门创作广告文案的工作者。

有调查机构经过科学的测试，认为广告效果的50%～75%来自广告文案，实现广告效果主要在于设计好广告文案。广告文案专家大卫·奥格威曾经指出："广告是文字性的行业……在奥美广告公司，员工通常写作越好，提升越快。"文案是广告的核心，广告文案在整个广告中所处的重要地位，由此可见一斑。

新媒体文案是主要基于新型的媒体（移动互联网媒体）而重点输出的广告内容和创意。

文案的职业角色就是对要传播的信息进行设计，使其容易被人理解，容易在诸多的信息中被发现、被记住，甚至被再次传播。

任务二　新媒体文案的特点

新媒体文案的写作与传统文案的写作有共通性，但因新媒体文案投放渠道的不同，读者阅读习惯的变化，所以与传统文案写作相比，新媒体文案对写作有不一样的要求。新媒体文案具有发布成本低、传播渠道及形式多元化、互动性强、目标人群更精准、文案易被用户再创作等特点。

1. 发布成本低

传统媒体广告的发布成本动辄上百万元，而随着新媒体的兴起，企业的广告发布成本逐步降低。根据中央电视台电影频道CCTV6公布的2025年广告时段价目表显示，仅在6:00-7:59时段播放5秒广告的报价为7 300元。而微信朋友圈千次展示费用仅为30~150元。

2. 传播渠道及形式多元化

新媒体文案传播渠道包括但不限于抖音、小红书、快手、今日头条、QQ空间、微信公众号、微博等，很多企业为了占据多个渠道，会根据各渠道用户群体的不同而运用不同的文案发布同样内容的信息。

传播形式的多元化，让广告不仅能以图文的形式发布，还能以视频、游戏等多种形式发布，这让广告形式实现了多元化。

3. 互动性强

相较于传统媒体，新媒体的文案传播不再是单向输出，企业可借助微信、微博等社交平台，直接与用户沟通互动，从而达到传播品牌或销售产品的目的，如通过游戏互动赠送优惠券、通过新媒体提供更好的售后服务等。

4. 目标人群更精准

各新媒体平台的用户有不同的特征，如QQ的用户多为年轻用户，微信用户多为职场人士。另外，由于用户在新媒体平台上的各种行为均以数据形式被记录，企业可根据自己的目标人群选择合适的新媒体平台进行相关信息的推送及广告投放，如针对刚怀孕的女士推送母婴用品。平台自身基于对数据的处理，也能够向不同人群推送不一样的信息内容。例如，今日头条根据用户往期浏览的新闻类型，可做到有选择地推荐对应内容；淘宝可根据用户的浏览记录、往期购买服装的风格、所购买服装的价位等推送对应的服装产品，以便更好地促成商家与用户的交易。企业也可运用对应平台与自身相关的数据对不同目标用户进行精准营销。

5. 文案易被用户再创作

"凡客体"曾在网络上掀起用户跟随自生产内容的风潮，以此带动品牌被大量地再传播。类似"凡客体"的这种用户创作的形式，被称为用户生产内容（User Generated Content，UGC）。例如，网易云音乐将用户评论作为文案投放在地铁站等场景，引发大量传播。

新媒体文案应做到让目标用户乐于进行二次创作，并鼓励目标用户分享其再创作的内容。

基于以上特点，新媒体文案要做到"短、平、快"。

短。冗长的文案容易在碎片化的阅读场景中被淹没，因此文案能短则短，这样能够快速吸引目标用户的注意力，并将核心的信息表达出来。

平。平即平实、亲切。新媒体的特性决定了品牌不能再高高在上，而是要通过平实、亲切的语言与目标用户进行有效的沟通，建立用户的信任感和亲切感。

快。因新媒体文案传播快速，文案工作者的反应也需快速，如跟进网络热点、快速产出新媒体文案等。

课堂讨论

某品牌耳机的卖点是"5小时续航+空间音频"，现需在新媒体平台撰写推广文案，你认为哪条更有效？请说出理由。

（1）"声临其境，自由随行"。

（2）"充电10分钟，狂听5小时"。

（3）"测测你的耳机'人格'：通透模式vs降噪模式？"。

任务三　新媒体文案的重要性

随着智能手机的普及，大部分消费者已经把注意力放在移动端了。这种趋势驱使大部分企业进行新媒体传播。一方面，受移动端屏幕大小的限制，消费者能接收的信息是有限的，这与爆发式增长的新媒体推广信息形成了矛盾；另一方面，随着在新媒体平台上投放推广信息的企业增多，企业在新媒体平台上的推广成本越来越高，企业要想在新媒体平台上获得一定的曝光量需要支付越来越高的广告费用。如果新媒体文案写得很出色，则可起到"四两拨千斤"的效果，不仅可以优化传播效果，提升企业产品销售量，而且能直接为企业减少广告费用。

1. 运用好新媒体文案，传播更快速

2024年春节申遗成功，2025年春节是申遗成功后的首个春节，这期间非遗热度空前高涨，各地文旅开启"非遗+"模式，并借助新媒体传播相关活动，成效显著。新媒体文案通过其精准传播策略与数字化表达，成为推动非遗热度的核心引擎。

江苏省文化和旅游厅推出2025年"水韵江苏·非遗贺新春"系列宣传展示活动，2025年1月23日至2025年2月12日，共举办线上线下活动4 584场，吸引4 560万人次参与，销售额达3.3亿元，其中UGC与电商搜索形成联动效应。山东通过"非遗+旅游"主题文案，结合琅琊古城沉浸式活动，带动文旅消费近3亿元，非遗研学门票销售增长7.5倍。此外，新媒体文案助力非遗产品年轻化转型，如故宫文创日历产品交易总额（Gross Merchandise Volume，GMV）同比增长302%，跨界联名款搜索量激增，印证了文案对文化价值转化的关键作用。

新媒体文案以情感共鸣、电商与搜索优化等路径，重构非遗传播生态，为传统文化注入经济动能，形成"文化记忆—消费行为—产业升级"的循环。

2. 新媒体文案可直接带来销售转化

传统的文案推广往往指企业在媒体渠道进行长期投放，消费者在特定平台购买。而企业将新媒体文案与电商平台等结合，能直接提高商品销售转化率。如消费者在浏览新媒体文案内容的时候，可能会直接点击购买链接并产生购买行为；在观看视频、直播的时候，若看到相关商品推荐，也可能会产生购买行为。对企业来说，只要在新媒体平台上有"粉丝"，那么其借助发布的新媒体文案内容很有可能会直接带来销售转化。

这种转化的及时性使得新媒体文案的效果易于评估，企业可以根据评估结果更快、更精准地投放新媒体文案，也可以更快地优化文案，提高商品销售转化率，但这对文案创作周期提出了更高的要求。

任务四　新媒体文案的类型

新媒体文案按广告目的可分为销售文案和品牌传播文案，按文案篇幅可分为长文案和短文案，按广告植入方式可分为软广告和硬广告，按文案的投放渠道及表现形式可分为纯文字文案、图文文案、视频文案等。

1. 按广告目的分类

企业的新媒体文案通常是为销售服务的，但为了更好地区分文案类型，可根据广告的目的将新媒体文案分为销售文案和品牌传播文案。

销售文案即能够带来销售的文案。如介绍商品信息的商品销售页文案，为了提高销售量而制作的引流广告图，甚至是直播间主播的销售话术，均为销售文案。图1-2所示为销售文案示意图。

品牌传播文案即企业为了扩大品牌影响力而创作的文案。如企业形象广告、节假日情感营销文案等。图1-3所示为品牌传播文案示意图。

图1-2　销售文案示意图

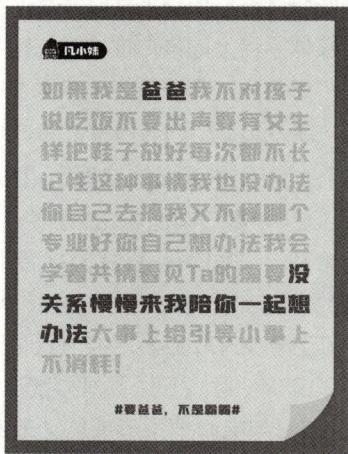

图1-3　品牌传播文案示意图

不同的文案类型，写作方法也不同。如销售文案需能够立即打动目标用户，并促使目标用户立即行动；而品牌传播文案则侧重于引起人们的共鸣，促使人们自发传播。

2. 按文案篇幅分类

按照文案的篇幅，新媒体文案可分为长文案和短文案。长文案通常为1 000字及以上的文案，短文案则通常为少于1 000字的文案。通常来说，长文案需构建宏大的情感场景；而短文案则要快速触动目标用户，传递核心信息。

另外，行业属性不同，文案的运用也不同。在价格、消费者决策成本较高的行业通常运用长文案，如汽车行业；而在价格、消费者决策成本较低的行业通常运用短文案，如日化行业。

3. 按广告植入方式分类

新媒体文案按广告植入方式可分为软广告和硬广告。

软广告即不直接介绍商品、服务，而是通过其他方式植入广告，如在案例分析中植入品牌广告、在故事情节中植入品牌广告。用户不容易直接觉察软广告的存在，它具有一定程度的隐蔽性。硬广告则相反，是在对应渠道媒体上直接介绍商品、服务的广告。

一般而言，企业会根据不同情况进行选择。企业在需要一定的品牌曝光度及带动销售时，通常会选择硬广告；但企业在此基础上需要进一步提高品牌曝光度时，则一般选择软广告。

4. 按文案的投放渠道及表现形式分类

投放渠道不同，文案的表现形式也不同。因此，文案人员在撰写文案时需要匹配不同投放渠道的规则与该平台用户的习惯，以实现精准触达。

①微信公众号。微信公众号的内容偏向深度交互。其表现形式为适合观点输出的纯文字、提供情感陪伴的语音、以图表结合和文字解读搭配的长图文等。比如，腾讯2023内容生态报告显示，故宫博物院公众号推文《宫里过大年》采用"动态海报+历史解说+H5互动"，该推文的用户停留时长提升42%。

②微博。微博的内容偏向热点驱动。其表现形式为140字以内的短文案、九宫格图片、话题标签和秒拍视频等。比如，微博政务2023年度案例显示，河南文旅"唐宫夜宴"话题结合"动图+投票互动"，单条博文转发量超12万次。

③抖音。抖音的内容偏向碎片化传播。其表现形式为竖屏视频、直播带货和挑战活动。比如，巨量引擎《2024非遗内容生态白皮书》显示，抖音非遗类视频日均播放量2.4亿次，视频带货转化率高于平台均值。

④淘宝等电商平台。淘宝等电商平台偏向转化。其表现形式为商品详情页故事文案、短视频测评（展示制作过程）和搜索关键词优化。比如，阿里妈妈《2024春节消费趋势》显示，淘宝"非遗好物"专题页文案突出"手作温度"，其相关商品复购率较平日提升23%。

📎 文案实战训练

打开你的微信，看看哪些内容是新媒体文案，统计一下你在微信朋友圈、微信公众号、微信视频号接触过几种类型的新媒体文案，并说说它们分别是哪种类型的。请填写表1-2。

表1-2　新媒体文案类型

文案投放渠道	文案类型
微信朋友圈	
微信公众号	
微信视频号	

任务五　新媒体文案判断标准

课堂讨论

你认为，什么样的文案是好文案？

什么样的文案是好文案？不同的人会有不同的答案。有人认为，好文案要有故事，有力量，有画面感，有洞察力，能够打动用户的心；有人认为，只有传播效果很好的文案才是好文案。这些都没错，但作为初学者，更需要明确的判断标准，以指导文案写作过程。新媒体好文案有三个判断标准：达到目标、用户有感、符合性格。

1. 达到目标

首先来看看以下故事。埃斯基涅斯演讲完，人人都说："他讲得真好！"但是，狄摩西尼演讲完，大家说的是："走，我们去跟腓力二世打一仗！"埃斯基涅斯和狄摩西尼都是古希腊的演说家，腓力二世是率兵积极扩张领土的马其顿国王。

文案沟通的过程就像演说的过程，不论怎么说、说什么，都是为目标服务的。这就好像，用户看完文案，反应是："这条文案写得真好。"文案写得好，并得到了用户夸奖，但文案本身能否带来更大的价值呢？如果用户看完文案后的反应是："这个商品不错，我要买。"那文案的价值是不是更大？

正如埃斯基涅斯和狄摩西尼的演说一样，能改变目标用户认知或行为的文案，才是有效的文案。

要判断文案好不好，首先应该判断的是创作文案的目标是否已达到。文案写得再好，无法为目标服务也是枉然。

课堂讨论

你认为，电梯里的汽车海报能给该汽车带来销售量吗？

要判断文案是否达到目标，首先得明确文案的类型（以销售文案和品牌传播文案为例）。文案人员应根据不同类型文案的特点来写作，以判断文案是否达到目标。

（1）销售文案。销售文案的特点在于有明确的商品卖点、用户立即购买的理由、明确的购买引导。

① 明确的商品卖点。用户为什么要购买这个商品？说明商品的优势。

② 用户立即购买的理由。用户为什么要现在购买？给出一个立即购买的理由。

③ 明确的购买引导。引导用户立即下单，提供清晰的、可跳转至相关页面的文字或图标。

例如，图1-4所示的文案，"京东年货节，新年享新颜"是活动主题，也是明确的卖点；"满499元减150元"是立即购买的理由；"满499元减150元"也是引导按钮，可引导用户点击，以跳转至相关页面。

图1-4　京东年货节海报文案

（2）品牌传播文案。品牌传播文案的主要特点为展示品牌形象及特点、展示品牌精神、促进用户传播。

① 展示品牌形象及特点。展示品牌的形象或者明确的特点。

② 展示品牌精神。展示品牌独特的价值观。

③ 促进用户传播。用户看完后，愿意主动转发分享文案。

例如，某蒸箱品牌的广告语："改不了加班的命，就善待加班的胃。"这一文案能够体现品牌的特点，也展现出用户即使要加班，也要善待自己的胃的价值观。用户很容易记住这句话，并且会分享给身边的加班人群。

课堂讨论

图1-5所示的海报文案，你认为是销售文案还是品牌传播文案？为什么？

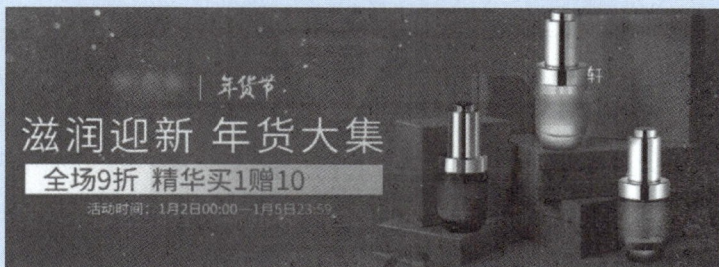

图1-5　某品牌海报文案

2. 用户有感

达到目标，是好文案的基础。若用户看完后没有感觉，无法产生对品牌的认知、情感或者行动，则文案也非好文案。

什么样的文案能让用户有感？

（1）相关。"相关"就是文案内容是跟用户相关的。例如，净水器的文案"四芯五级精滤，便利好生活"是站在商家角度的描述，而"打开水龙头就能喝到纯净水"则是站在用户的角度，后者的文案内容就是跟用户相关的。

（2）具体。文案的内容应是具体的，有足够细节的。例如，描述一个蛋糕好吃，如果文案是"这个蛋糕太好吃了，好香，好甜"，则用户并不能感受到蛋糕好吃到什么程度；但如果把具体的细节描述出来，效果会更好，如"这蛋糕外形酷似草莓，有牛奶和草莓香，一口下去，冰凉松软像含了一口雪，化在嘴里。"

（3）情绪。文案的内容应能够引起用户的情绪，如喜悦、恐惧的情绪。例如，神州专车"Beat U，我怕黑专车"的广告文案。

3. 符合性格

一个品牌就好像一个人，一个人的性格决定了这个人说话、穿衣、行事等的风格。品牌也一样，有相应的性格，不同性格的品牌对应不同的文案风格。

例如，某矿泉水品牌为"真诚型性格"，其文案风格强调自然与真实，如"大自然的搬运工"；其广告宣传文案则通过水源地纪录片传递纯净理念，在广告中展现长白山生态场景，塑造可信赖的"自然守护者"形象；举办"水源地探访"活动，邀请消费者实地见证生产过程，强化品牌与用户的信任纽带。

任务六　新媒体文案岗位要求及能力素养

中国互联网络信息中心（CNNIC）发布的第54次《中国互联网络发展状况统计报告》显示，截至2024年6月，我国网民规模近11亿人，较2023年12月增长742万人，互联网普及率达78.0%。随着移动通信网络环境的不断完善，移动互联网应用深入渗透人们生活。

随着新媒体的迅猛发展，各企业也将其作为营销推广的重要阵地，由此催生出新的岗位——新媒体文案岗位。

一、新媒体文案人员的工作职责

从事新媒体文案岗位的人员称为新媒体文案人员，其工作职责包含但不限于新媒体渠道的文案写作及投放、内容策划与编辑、热点事件跟进。大部分企业还会对新媒体文案人员提出更多的工作要求，如具体渠道的运营及推广等。因此，一名全面多能的新媒体文案人员扮演着内容策划、内容编辑、运营等相关角色，虽然各企业根据具体的工作内容对新媒体文案人员有不同的称呼（如内容策划编辑、内容运营人员等），但工作内容大同小异。

如京东内容策划编辑的岗位职责如下。

● 负责营销文案优质内容的策划及制作，内容与形式不限；

● 定期配合商城活动策划事件营销；

● 独立策划和制作热点专题，提高内容的转化率。

腾讯的内容运营人员的岗位职责如下。

● 根据产品特点，通过线上线下等各种渠道，对产品进行推广，策划组织相关宣传活动；

● 负责产品的活动策划和热点事件营销，在微信上策划热点传播事件，撰写相关文案；

● 负责推广运营数据的统计分析。

综合来看，新媒体文案人员的主要职责是新媒体渠道的内容策划及写作、企业各阶段营销活动的策划及推广、热点事件的营销跟进、评估工作效果，以及其他文案工作。

1. 新媒体渠道的内容策划及写作

新媒体文案人员应根据企业的品牌和产品撰写对应的宣传文案，以及在不同的新媒体渠道上，如微信公众号、微博等，推出并发布多种形式的文案内容，如图文、视频、语音等形式。

2. 企业各阶段营销活动的策划及推广

新媒体文案人员应根据企业需要策划相应的营销活动，并落实推广。如企业发布新品，需策划一系列新品发布活动，决定用何种形式的活动及文案吸引目标用户的注意并促使其参与。

3. 热点事件的营销跟进

新媒体文案人员应有选择地跟进社会热点，以达到宣传企业的目的。如国产游戏《黑神话：悟空》于2024年8月20日全球上线爆火后，山西文旅借势《黑神话：悟空》的全球热度，通过系统化的营销策略实现"流量"到"留量"的转化，成为文旅跨界营销的典范。山西文旅围绕游戏中27处山西古建取景地（如应县木塔、云冈石窟、悬空寺等），推出"跟着悟空游山西"主题线路，涵盖晋北、晋南、晋东南3条精华路线及1条8日自驾游线路。"跟着悟空游山西"主题海报如图1-6所示。

图1-6 "跟着悟空游山西"主题海报

4. 评估工作效果

无论是文案内容的投放发布，还是活动策划的落地，新媒体文案人员在执行后均须收集相关数据以评估工作效果，并对往期工作内容提出相关的优化建议，以利于后期参考及工作改进。例如，新媒体文案人员通过微信公众号推送了一条图文消息，则需统计阅读人数、转发人数，并与往期数据进行对比，以评估效果。

5. 其他文案工作

在大部分企业，新媒体文案人员所负责的工作内容已远远超越了"文案"这个词的范围，甚至可以说扮演着"文案+编辑+策划+运营"的角色。

↘ 二、新媒体文案的岗位要求

因新媒体文案人员不仅涉及文案创作，而且涉及策划、运营等，且在工作中需与多方进行沟通（需沟通的对象包括但不限于本部门领导及同事、相关部门领导及同事、各媒体负责人等），所以除专业能力外，新媒体文案人员还需具备较强的资源统筹分配能力、问题解决能力和沟通协调能力等。

本书仅重点阐述新媒体文案岗位的关键要求，如文字功底强、思维活跃有创意、所学专业及学历与岗位匹配等要求。

1. 文字功底强

新媒体文案人员需要能够流畅地撰写文案；能够掌握遣词造句的技巧，所写文案需要能够打动目标用户；同时还要掌握各种文案的写法，如海报主题、商品介绍、新闻稿等的写法。

2. 思维活跃有创意

新媒体文案人员看待事物的角度和方法应具有多样性，如在接到一个文案写作任务时，能够迅速构思出多个写作方案及不同的联想，并能够找出最合适且具有创意的方案。

3. 所学专业及学历与岗位匹配

企业在招聘新媒体文案人员时，倾向于选择广告、新闻传播、市场营销、中文、网络与新媒体、电子商务等相关专业的毕业生，学历要求一般在专科以上。但由于新媒体文案为新兴岗位，要求可适当放低，如个人对新媒体文案或对应行业有独到的见解并具有较强的文字功底，企业也会择优录用。

↘ 三、新媒体文案人员的职业能力素养

职业能力素养即完成工作需要具备的知识、技巧与能力。新媒体文案人员需具有相关知识储备及相关能力，这样才能更好地应对各种类型的文案工作。无论是新媒体文案新手还是资深新媒体文案人员均需要不断学习，以适应新媒体的快速更新及迭代。

1. 新媒体文案人员的知识学习目标

文案专家约瑟夫·休格曼提出，文案工作者需要储备大量的知识。知识分为两种：第一种是宽泛的一般性知识，第二种是特殊的、有针对性的知识。一般性知识包含广泛的各类知识，主要通过博览群书、广泛的爱好及强烈的好奇心获取；特殊的、有针对性的知识则包含具体的行业知识，如手机行业的新媒体文案人员需要了解手机各参数背后的意义、具体的制作工艺等，这样写出来的文案自然而然就具有说服力，更能体现出文案的专业性。

新媒体文案人员需要具备文案相关专业知识，如广告学知识、传播学知识、消费者心理及行为学知识等。

（1）广告学知识。广告学知识包括广告写作、广告策划、广告战略战术、媒体选择、广告心理、广告设计、广告管理等方面。新媒体文案人员通过学习广告学知识，能掌握广告活动的基本规律，让文案写作更具策略性。

（2）传播学知识。传播学知识包括人际传播、公众传播、大众传播和组织传播等方面的知识，其中涉及符号学、社会学等知识。新媒体文案工作则侧重于人际传播。

（3）消费者心理及行为学知识。文案本就是沟通的艺术，了解消费者心理及行为学知识有助于新媒体文案人员理解消费者，这样撰写出的文案才贴近生活，从而更好地打动消费者。

以上知识学习目标，本书均有涉及，但新媒体文案人员需要更深入地学习并阅读更多相关的专业图书，并且不断在新媒体文案工作中实践和积累经验。

2. 新媒体文案人员的能力提升目标

新媒体文案的岗位要求中，出现频率较高的四个关键能力为文案能力、创意能力、审美能力、学习能力。

（1）文案能力。文案能力主要体现在文案的写作上，如对文案语法、逻辑的掌握，对文案语言风格的把控，对文案写作技巧的运用。

① 对文案语法、逻辑的掌握。除故意用语法问题引起目标用户的注意及讨论的文案内容外，其他内容均应以正确语法写作，且文案要有逻辑、有条理，这样目标用户才能更好地理解文案所要表达的含义。

② 对文案语言风格的把控。新媒体文案人员需能驾驭各种风格的文字，可以是阳春白雪，如诗如画的语言风格，也可以是下里巴人，通俗易懂的语言风格。新媒体文案人员应能根据具体需求撰写对应风格的文案内容。

③ 对文案写作技巧的运用。标题、海报、主题广告等要求能够快速吸引目标用户的注意；软文、具有情感价值的品牌介绍等要求能够让目标用户产生代入感；商品介绍等销售文案要求能够让目标用户产生信任感并且快速做出购买决策及给予反馈；品牌传播文案则要求信息简单，有利于口头传播；等等。

新媒体文案人员可通过多看、多写，提升文案写作能力。多看：广泛阅读经典文学作品、当代热门作品、优秀的广告文案作品，观看经典电影，等等。多写：通过模仿优秀文案作品，提升文案写作能力。在看和写的过程中也应思考：能够打动你的文案好在哪里，如果由你来撰写，你会如何做等。

课堂讨论

"上一秒，你是父亲的儿子，这一秒，你是儿子的父亲。"
你认为以上文案是以下哪种产品的文案？说说你的理由。
（1）奶粉。
（2）啤酒。
（3）钟表。
（4）珠宝。

（2）创意能力。创意能够让广告深入人心并引起人们的注意及共鸣。在网络上搜索"创意广告"能够看到很多有创意的广告。新媒体文案人员作为广告创作者，应具备创意能力。

创意能力虽与天赋有关系，但同样可通过后天的努力进行提升。提升创意能力的方法如下。

① 跳出常规去体验。神经生物学教授劳伦斯·C.卡茨提出，用新奇的方式思考和观察世界有助于改善大脑不活跃部分的功能，就像举重练习能够帮助人们锻炼不常使用的肌肉。做平日不常做的事有助于激活大脑，如走一条平时不常走的路、去没去过的地方旅行、体验新的食物等。

② 保持好奇心。人类天生具有好奇心，但随着年龄的增长，很多人会抑制自己的好奇心。保持对事物的好奇，多问"为什么"，并通过自己的努力找到答案，可以有效地锻炼自己的思维，并有助于自己在工作生活中找到更多的机会和问题解决办法。

③ 多角度思考。抱着解决问题的目的，从多角度思考。这种思考方式能使新媒体文案人员突破平面化思维，生成创意文案。

（3）审美能力。审美能力又被称为艺术鉴赏力，即能欣赏到事物的美，并且知道美的定义是什么。例如，简单的文字排版，有审美能力的人能够做到整洁、风格统一，能够把文字排列成让人一看就觉得舒服的样子；而缺乏审美能力的人则可能会排成"豆腐块"，字与字之间紧凑拥挤，颜色杂乱，视觉效果差。另外，文案内容还需与图片内容结合，如何将版面排得更优美、更能体现文案所要传达的价值，还需新媒体文案人员与图片设计师进一步沟通，此时，新媒体文案人员的审美能力也在一定程度上影响图片的质量。

训练审美能力主要有两个方法。

① 建立对美的基本认识。美并没有标准，但存在共性。例如，穿衣时遵循颜色不超过三种的原则，在文字排版和图片设计上，同样可运用此原则。

② 观摩大量优秀作品，总结美感规律并运用规律。新媒体文案人员可通过欣赏分析优秀画作的颜色、布局、风格等，以及用心感受优秀文学作品的用词、语言韵律等，来训练自己的审美能力。

（4）学习能力。学习能力即对事物从陌生到了解再到熟悉，最后融会贯通的能力。一般学习能力强的人会主动寻找相应资料进行学习，同步消化并能转化为自己所需要的能力，然后推陈出新。

学习文案写作主要有阅读、请教、实践三个途径。

① 阅读。如对专业图书、网络相关资料、相关案例等进行研读，这种途径虽然学习过程较长，需要耗费较多时间和精力去理解和分析，却可以让人系统地掌握相关知识，并且学习成本低。

② 请教。向专业人士请教，是耗时少、效率高的学习途径。由于专业人士具有专业的知识基础及大量的经验，向他们请教，能够在短时间内快速地获取相关知识。专业人士可以是自己的领导、外部专家等。

③ 实践。新媒体文案人员需要通过大量的实践，去探索学习。实践出真知，知识是从实践中来再到实践中去的。除了需要阅读、向专业人士请教，新媒体文案人员还要实践，将知识运用到实际工作中，只有实践过，才能认识得更深刻，知识才能逐步转化为自己的能力。

任务七　新媒体短文案写作初体验

新媒体时代，商品的包装本身也会成为传播载体。例如，标签、袋、盒、瓶、箱、桶、杯、瓶盖，甚至造型本身，都可以成为商品广告的载体。

国货品牌卫龙就曾发布"显眼包"，其将产品包装做成了一个超大背包，并且在线上举办了一场特殊的"卫龙特别显眼发布会"。发布会的视频在各大社交平台广泛传播，全网播放量达到2 374万次，互动量达93万人次，在相关宣传中，卫龙也通过一系列文案，进一步带动"显眼包"的宣传。

"显眼包"对应宣传文案如图1-7所示。

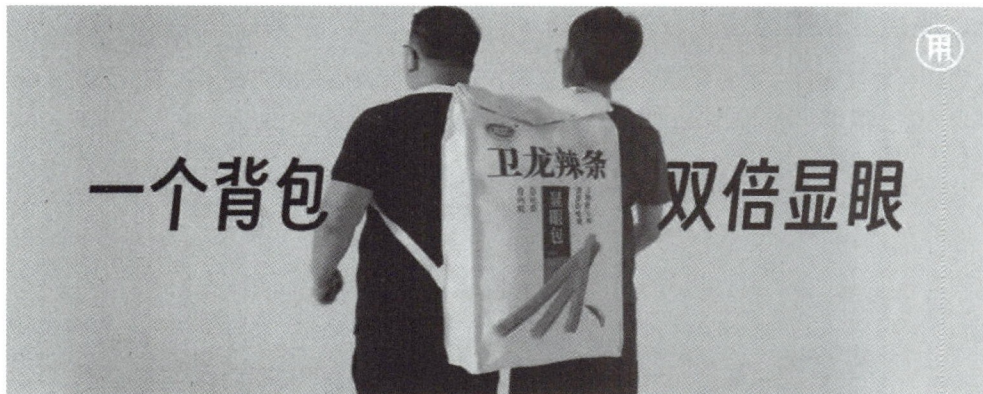

图1-7　卫龙"显眼包"对应文案宣传

"显眼包"对应宣传文案还包括以下文案。

"卫龙显眼包，比能装更能装。"

"和显眼Bag（包）去CityWalk（城市漫步）。"

"显山露水，显眼上头。"

各电商平台也经常在包装上印上以用户口吻表达的短文案。例如，天猫把以用户口吻表达的关于省钱的短文案印在快递箱上。

"做不来省油的灯，可以做省钱的人。"

"省什么省？我的人生里唯一的省是我来自××省。"

小红书在快递箱上印刷的与购物相关的文案如下。

"说我买太多，刷你卡啦？"

" Life is short，just buy it. "

以上短文案表达了部分用户的心声，使用户主动传播的欲望更强。

文案实战训练

如果让你在天猫的快递箱上写一条表达"省钱"观点的短文案，你会如何写？将你撰写的短文案填写在下方横线处。

_____

_____

_____

除商品包装可用短文案外，企业在发布新产品时、举办各种促销活动时、节假日或发生热点事件时，也可用短文案发布微博动态或朋友圈动态等。短文案应用场景广泛，根据文案目标不同，写作方法亦有不同。例如，为引发用户自主传播，短文案应侧重表达用户想法；为推荐商品，引导用户购买，则短文案应重点体现商品特点。

这些短小精悍的短文案的写作难度并不高，但可以及时传递信息，甚至引发大量传播。新媒体短文案主要包括痛点型文案和甜点型文案等。

↘ 一、痛点型文案写作

人为什么需要购买东西？社会心理学家亚伯拉罕·哈罗德·马斯洛提出人有五大需求层次——生理需求、安全需求、社会需求、尊重需求、自我实现需求，如图1-8所示。

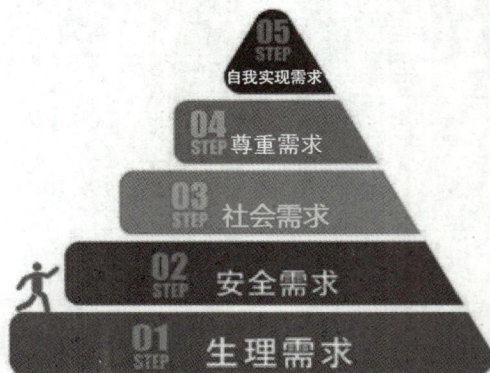

图1-8　马斯洛需求层次理论

人类具有基本需求和高级需求，高级需求为人类所特有。与此同时，这些需求是按照先后顺序出现的，当一个人的基本需求被满足了之后，才会出现较高级的需求，即需求具有层次性。

在购物方面，购物首先用于满足生理需求。例如，人们为满足生理需求需要进食，需要买米、买菜或者买面包。

课堂讨论

你会因为什么购买一个商品？

基于需求层次理论，为凸显商品卖点，文案可有两种表述：避免痛苦和追求更好。

避免痛苦的表述，称为痛点型文案。痛点型文案应先描绘出当用户没有拥有商品时存在的问题或不方便之处，再给出解决方案，如用公式表达，则为"痛苦场景+解决方案"。

对痛苦场景进行描述容易让人产生联想，对号入座，继而对接下来推荐的解决方案——具体的商品或服务产生兴趣。

神州专车的"Beat U，我怕黑专车"系列海报，通过人物代言，把用户痛点说出来，继而引导用户选择神州专车，如图1-9所示。

"提醒每一个负责任的父亲，诱惑再多，也别让家人搭上没保障的车！Beat U，我怕黑专车！"

"我爱第一，我怕万一，怕家人受伤害，怕隐私被买卖。切记！你的电话要保密。Beat U，我怕黑专车！"

借代言人之口把痛苦场景描述出来，会让用户更有感触。例如，脉脉出了一组广告文案，通过代言人之口，把痛苦场景描绘出来，如图1-10所示。

图1-9　神州专车海报

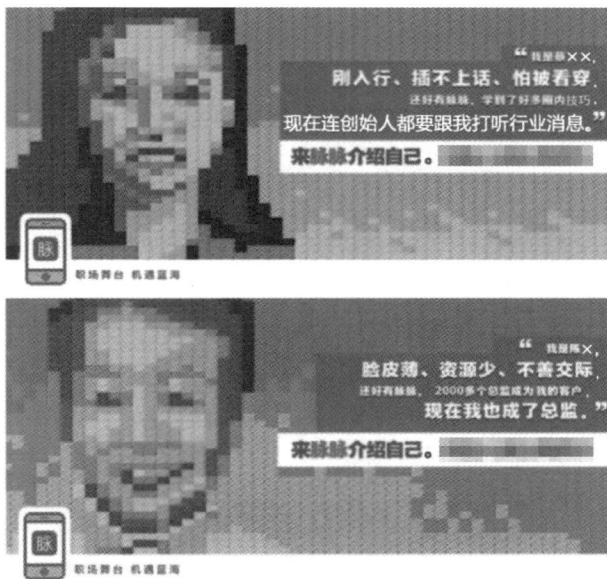

图1-10　脉脉广告文案

"我是蔡××，刚入行、插不上话、怕被看穿，还好有脉脉，学到了好多圈内技巧，现在连创始人都要跟我打听行业消息。"

"我是陈×，脸皮薄、资源少、不善交际，还好有脉脉，2000多个总监成为我的客户，现在我也成了总监。"

同时，文案底部都有同样的解决方案："来脉脉介绍自己。"

以上均为"痛苦场景+解决方案"的痛点型文案。找到需要传递的商品核心卖点，然后指出与卖点相关的用户痛点，给出解决方案，即可形成痛点型文案。

📦 文案实战训练

1. 请在下方空白位置填上合适的内容。

（1）象印牌保温杯，特点在于能保温24小时。

痛苦场景：_____

解决方案：_____

整句文案：_____

（2）凡客免熨衬衫，特点在于抗皱、免熨。

痛苦场景：_____

解决方案：_____

整句文案：_____

（3）小鱼牌口红，特点在于持久水润。

痛苦场景：_____

解决方案：_____

整句文案：_____

2. 请选取一个喜欢的物品，运用"痛苦场景+解决方案"的方式，编辑一条朋友圈文案，发布在朋友圈。

↘ 二、甜点型文案写作

购买商品的原因除了解决痛点，还有追求更好。新媒体文案人员可在文案里描绘使用商品能获得的美好感觉、状态，突出理想场景。能突出理想场景的文案，被称为甜点型文案；如果用公式来说明，就是"理想场景+解决方案"，先描绘出理想场景，再引出有利于实现理想场景的商品或服务。

天猫"6·18"理想生活新鲜式系列海报文案从生活趋势出发，跟大家畅聊理想新生活，然后给出解决方案。海报文案如图1-11所示。

图1-11　天猫"6·18"理想生活新鲜式系列海报

　　理想场景："沉浸式吃饭：DIY健身餐速成 、高端食材即可享、夏日微醺派对，体验沉浸式吃喝，仪式感轻松掌握。"

　　解决方案："理想生活上天猫。"

　　还有更多系列文案，具体如下。

　　"不伸手家务：精致衣物养护、托管式家务、晒照式下厨房，加油智能"黑科技"，洗衣下厨太容易。理想生活上天猫。"

　　"高质量独处：摆拍式餐厨、艺术感睡眠、宅家清凉一夏，生活质量不随便，开启居家新体验。理想生活上天猫。"

　　"玩乐系运动：尽情仲夏夜跑、一起去露营吧、瑜伽健身，玩什么运动，都乐在其中。理想生活上天猫。"

　　不论是理想场景，还是痛苦场景，都是对卖点的不同描述方式，目的均是激发用户的购买欲望。

文案实战训练

　　1. 请在下方空白位置填上合适的内容。

　　（1）象印牌保温杯，特点在于能保温24小时。

　　理想场景：＿＿＿＿＿＿＿＿＿＿＿＿＿＿＿＿＿＿＿＿＿＿＿＿＿＿＿

　　解决方案：＿＿＿＿＿＿＿＿＿＿＿＿＿＿＿＿＿＿＿＿＿＿＿＿＿＿＿

　　整句文案：＿＿＿＿＿＿＿＿＿＿＿＿＿＿＿＿＿＿＿＿＿＿＿＿＿＿＿

　　（2）凡客免熨衬衫，特点在于抗皱、免熨。

　　理想场景：＿＿＿＿＿＿＿＿＿＿＿＿＿＿＿＿＿＿＿＿＿＿＿＿＿＿＿

　　解决方案：＿＿＿＿＿＿＿＿＿＿＿＿＿＿＿＿＿＿＿＿＿＿＿＿＿＿＿

　　整句文案：＿＿＿＿＿＿＿＿＿＿＿＿＿＿＿＿＿＿＿＿＿＿＿＿＿＿＿

　　（3）小鱼牌口红，特点在于持久水润。

　　理想场景：＿＿＿＿＿＿＿＿＿＿＿＿＿＿＿＿＿＿＿＿＿＿＿＿＿＿＿

　　解决方案：＿＿＿＿＿＿＿＿＿＿＿＿＿＿＿＿＿＿＿＿＿＿＿＿＿＿＿

　　整句文案：＿＿＿＿＿＿＿＿＿＿＿＿＿＿＿＿＿＿＿＿＿＿＿＿＿＿＿

　　2. 请选取一个喜欢的物品，运用"理想场景+解决方案"的方式，编辑一条朋友圈文案，发布在朋友圈。

【项目实训】新媒体短文案实战训练——智能护颈枕的海报文案写作

　　骨科专家推荐的正确睡眠姿势是：无论侧睡还是仰睡，脊椎都在同一水平线上。但目前市场上的枕头很难满足用户这样的需求。如果使用高枕头，侧睡时合适，但仰睡时，颈部会有压力；如果使用低枕头，仰睡时合适，但侧睡时，肩部和颈部会有压力。目前，市场上的枕头无法满足用户在仰睡和侧睡的情况下均保持正确睡眠姿势的需求。

　　为了解决这一问题，A品牌推出一款智能护颈枕，这款智能护颈枕能够做到在用户仰睡时智能放气降低枕头高度，在用户侧睡时智能充气提高枕头高度，使用户保持正确睡眠姿势。

　　现在，这款产品刚发布，品牌创始人阿煊对你说："请你帮我设计一组海报文案，能够让用户认识到保持正确睡眠姿势的重要性，从而让用户认可我们的枕头，同时希望用户看到海报能自动转发。"

　　（1）请问，阿煊需要的海报文案属于销售文案还是品牌传播文案？为什么？

　　（2）如果需要写品牌传播文案，以下哪种更合适？

A. A品牌智能护颈枕新品上市，快来购买！

B. 测试：你的睡眠姿势对吗？

C. 新品8.8折，给你一个好睡眠。

D. 以上均可。

　　（3）请运用以下方法撰写海报文案。

① 运用痛点型文案的"痛苦场景+解决方案"的方式为海报写三条文案。

② 运用甜点型文案的"理想场景+解决方案"的方式为海报写三条文案。

项目二
新媒体文案的创作思路

【学习目标】

- 了解新媒体文案的写作步骤。
- 了解目标人群和竞争对手分析方法。
- 熟悉文案创意思考方法。

【能力目标】

- 能够初步掌握新媒体文案的写作方法，懂得接到文案创作任务后如何思考。
- 具备让文案令人耳目一新的能力。

【素养目标】

- 培养互联网创新创意思维。
- 强化数据赋能理念，培养数据策略应用素养。

任务一　新媒体文案的写作步骤

很多新人接到文案创作任务的第一反应是埋头直接根据材料撰写文案，然而用这种方法写出的文案很有可能会被要求修改。

要避免这样的情况，新媒体文案人员在工作中首先要深入思考一个问题——写文案是为了解决什么问题？写文案不是在计算机上将文字进行组合并添加恰当的形容词即可，也不是只要文笔好就可以。首先需要找到所描述的商品或服务在当下能解决的主要问题是什么，并通过创造性的文案让目标人群理解乃至接受。

大卫·奥格威在《一个广告人的自白》中说："消费者不是傻瓜，如果你以为仅凭口号和煽情的形容词就能劝说对方买东西，那你是在侮辱对方的智商。"

一句广告文案可能不超过10个字，但背后需要新媒体文案人员完成一系列工作，这些工作包括相关的调查研究、目标人群分析、竞争对手分析，以及确定品牌的定位。实际上，准备写一句广告文案的时间远远超出写广告文案花费的时间。

新媒体文案写作的步骤简单来说主要分为明确文案的写作目的、撰写文案创意简报、文案创意的写作输出、文案复盘。

1. 明确文案的写作目的

明确本次撰写文案的主要目的：是传播品牌，还是提高商品的销售量，还是进行商品的推广宣传。目的不同，写作文案的思路和方法也不同。

如果是为了传播品牌，则新媒体文案人员需要思考如何让文案内容符合品牌风格，引起目标人群共鸣；如果是为了提高商品的销售量，新媒体文案人员需要思考的则是如何让目标人群产生需求、产生信任，如何让目标人群立即采取购买行动；如果是进行商品的推广宣传，就要思考如何让目标人群觉得推广活动有吸引力，很值得参与，而且参与的门槛也不高。

课堂讨论

图2-1所示的文案的主要写作目的是什么？

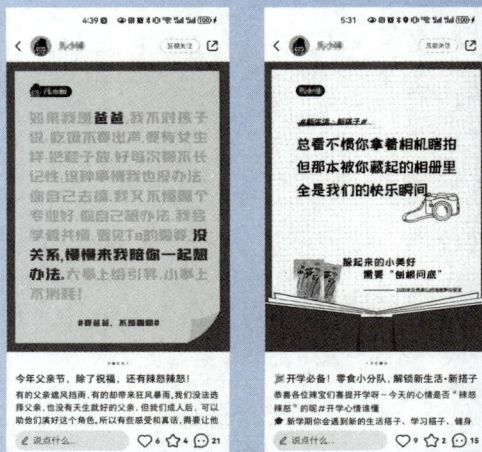

图2-1　某品牌小红书文案

2. 撰写文案创意简报

文案创意简报也叫创意纲要，在广告公司主要用来指导文案的创意及撰写等。对新媒体文案人员来说，撰写文案创意简报有利于创作文案。

撰写文案创意简报的主要目的在于梳理清楚三个问题：对谁说，说什么，在哪说。这也是文案写作前期需要重点解决的三个问题，只有厘清了这三个问题，文案的写作方向才会明确。

- 对谁说。本次文案要写给谁看，即对目标人群进行分析，从行为学、地理学、人口统计学、消费者心理学的角度分析，谁是潜在的消费者，他们有什么个性特征。
- 说什么。在"对谁说"的基础上，考虑"说什么"，即应通过什么样的方式说服目标人群信任所推广的内容。这就需要深入挖掘商品、服务或品牌的卖点，与竞争对手对比（要考虑消费者面对多种选择时，应以什么样的方式让消费者觉得商品、服务或品牌比竞争对手的商品、服务或品牌更好），并在此基础上提炼出文案的主要内容。
- 在哪说。"在哪说"即根据目标人群选择合适的媒体平台、合适的时间进行文案发布。有时候也会根据不同的媒体平台而发布不同形式的文案内容。

有些企业的文案创意简报很长，而有些企业的文案创意简报则相对简单。文案创意简报主要包含以下三个部分。

- 目标说明。简单地说明广告的目的或要解决的问题，也包括说明与商品、服务或品牌相关的名称、具体的目标人群等。
- 支持性说明。对支持商品卖点的证据进行简要的说明。
- 品牌特点说明或品牌风格说明。对品牌特点风格进行说明或对希望传达出的品牌价值进行说明。

范例：泰勒吉他的文案创意简报

（1）目标说明。应使得对吉他的音质要求较高的消费者相信泰勒吉他是一种独特、高品质的乐器，并能够说服他们在选购吉他的时候优先考虑泰勒吉他。

（2）支持性说明。泰勒吉他是用优质木材手工制作的，可以保证吉他具备优美的音色。

（3）品牌特点说明或品牌风格说明。应传达出泰勒吉他"优雅"的品牌特性。

3. 文案创意的写作输出

在明确本次文案的写作目的、目标人群、竞争对手及自身商品或服务的卖点等后，结合拟投放渠道的特性进行创意思考，最后完成文案的写作。

4. 文案复盘

复盘即对已做过的工作内容进行梳理、总结。可通过数据、目标人群的反馈总结本次文案工作中的优点及缺点。优点可继续保持，对于缺点则需提出改进方案并归档，以备下次写文案时参考。

课堂讨论

如果你准备在朋友圈推荐一部热门电影，你可以通过哪些渠道查看电影行业文案从业人员的文案创意？

任务二　新媒体文案写作的准备工作

新媒体文案写作工作表面看是写文案，其实更考验新媒体文案人员的营销思维。文案是为营销服务的，新媒体文案人员必须具备基本的营销思维。因此新媒体文案写作的重要准备工作就是做营销分析，包括市场分析、目标人群分析、竞争对手分析、卖点提炼。

其中市场分析的内容包括市场规模、行业性质、行业特点、市场容量及目标人群等。但对大多数文案来说，面向的市场基本是固定的，因此本任务侧重讲解目标人群分析、竞争对手分析和卖点提炼。

一、目标人群分析

文案的目标人群不同，写作的方向和方法也会有所不同。目标人群分析就是要明确不同人群的区别，从而写出有针对性的文案。当面对高收入、注重品质的人群时，文案如果只一味强调价格便宜的特点而非商品品质，就会无效。要了解影响目标人群的因素，可以从文化因素、社会因素、个人因素三个方面入手。

1. 文化因素

文化是人类需求和行为最基本的决定因素之一。每个地区都有对应的文化。新媒体文案人员应根据不同地区的文化特点，撰写相关文案。

2. 社会因素

社会因素包括家庭、社会角色和社会地位等因素。个人在做购买决策的时候时常会参考与自己有一定关系的人或意见领袖的建议。

（1）家庭。不同家庭成员在个人购买行为中所扮演的角色和发挥的作用不同。例如，在我国很多家庭中，孩子可能并没有玩具购买决策权。如果要销售一种玩具，推出的文案通常不应针对孩子，而应针对购买的决策者，如孩子的妈妈。

（2）社会角色和社会地位。个人的社会角色和社会地位不同会产生不同的行为。个人在不同的场合扮演不同的角色，所对应的形象也略有不同。作为新媒体文案人员，需要找到商品在目标人群中扮演的角色，明确商品会给对方带来怎样的感受，对方使用商品的最终目的是什么。

3. 个人因素

个人因素也会对决策产生影响。个人因素包括目标人群的年龄与所处人生阶段、职业与经济环境、个性与自我观念、生活方式与价值观等。

（1）年龄与所处人生阶段。人在一生中会购买各种各样的商品、服务，并且不同年龄的人的需求也不一样。随着年龄的增长，人会度过生命中几个重要的节点，如升学、工作、结婚、生子。消费者处于不同的人生阶段对相关商品及服务的需求也不一样，如结婚时对家居类商品的需求会明显上升。

（2）职业与经济环境。职业同样会影响消费模式。例如，工人会购买工作服、工作鞋；销售人员会购买西服等。与此同时，经济环境也对消费模式有很大的影响。经济环境构成企业营销活动的外部经济条件，包括消费者的收入水平、消费者支出模式和消费结构等。例如，奢侈品交易会受到经济的影响，当经济环境较差时，一手奢侈品的销售量会明显下降，但与此同时，奢侈品的二手市场会比往常更繁荣。

（3）个性与自我观念。每个人的购买行为均受到自我个性的影响。品牌也同样具有人格化的个性特征，消费者倾向于购买与自己个性相符的品牌，或是可以凸显其理想自我形象的品牌。

戴维·阿克通过对品牌个性的研究总结出七种品牌人格，如表2-1所示。

表2-1　七种品牌人格

品牌人格	具体表现
坦诚（Sincerity）	脚踏实地、诚实
兴奋（Exciting）	大胆、生机勃勃、富有想象力和时尚感
有能力（Competence）	可靠、聪明
有教养（Educated）	受过良好教育的
粗犷（Harsh）	喜好户外和坚强
激情（Passion）	感情丰富和神秘
平静（Peaceful）	和谐、平衡与自然

消费者的自我观念也会影响到其消费选择，如当下自我意识强烈的一代更倾向于选择兴奋、粗犷、激情的品牌。

（4）生活方式与价值观。生活方式指由行为、兴趣和观念所构成的个人生活模式，它会受到生活环境的影响。如生活在一线城市的人们就有快餐式的生活方式，午餐更倾向于通过点外卖的方式来解决。又如，很多男性在以前几乎不用护肤品、化妆品，但近几年男性消费者对自己形象的要求越来越高了，这也是他们生活方式的变化。另外，有些时间紧张的消费者更倾向于多任务处理，也就是同时做几件事情，如雇用专业的人员为自己完成部分原本需要自己亲手做的事，这是因为对时间紧张的人来说，时间可能比金钱更重要，这是其生活方式和价值观共同作用的结果。

对目标人群的分析除了从文化、社会、个人方面去分析，还需找到目标人群的购买动机，并在对方的购买动机中找到与所推销商品、服务或品牌的契合点。例如，常见需求有归属需求、仰慕需求和地位需求。

● 归属需求。个人的被群体接受的需求是归属需求。有归属需求的个人需要的是能够表现其属于某一群体的商品。

● 仰慕需求。能够让人变得更美好、形象更佳的商品更容易满足仰慕需求，如化妆品。

● 地位需求。地位需求指获得来自社会的尊重的需求。价格较高的商品有时会帮助人满足这种需求，如珠宝等。

新媒体文案人员需了解自己所需介绍的商品、服务或品牌到底能够满足目标人群的哪种需求，从而"对症下药"。

另外，还可根据目标人群分析简表来做分析，目标人群分析简表如表2-2所示。

表2-2　目标人群分析简表

分析维度	具体特征	具体特征示例 （某高端零食品牌的目标人群）	备注
年龄	18～25岁		大致的年龄段。建议年龄差距不超过10岁，否则可能不具有代表性

续表

分析维度	具体特征	具体特征示例 （某高端零食品牌的目标人群）	备注
性别		女性占80%、男性占20%	如果男女均有，需填写各自的比例
人群画像		大学生、职场新人	—
生活状态		虽然经济不是特别宽裕，但是对零食有高要求——只要好吃就行，价格高于同类零食也可以接受；在家的时候喜欢一边看电视一边吃零食	有感性描述也有理性描述；生活状态应包含相关的价值观
爱好		追剧、打游戏	—
常出现的地方		居民小区、大学城、办公楼；QQ空间、Bilibili	包括工作和生活的实际地方及常使用的新媒体平台，这决定了后期的广告投放渠道

这个表格虽简单，但是在填写具体特征时应尽可能填写得完善、丰富，就像给一个人物画像一样，越具体越好。因为目标人群越具体，对应的营销活动及文案就越有针对性，能够起到的效果也会越好。

课堂实践

针对苹果、华为、小米手机用户，制作目标人群分析简表。

二、竞争对手分析

"知己知彼，百战不殆。"对竞争对手进行分析能够让新媒体文案人员明白如何突破，理解消费者购买竞争对手的文案所推荐的商品或服务的动机。

竞争对手分析有很多方法，通常使用的有SWOT分析法，另外还有更具战略意义的核心竞争链对比分析法。

1. SWOT分析法

SWOT分析法中，S（Strengths）代表优势、W（Weaknesses）代表劣势、O（Opportunities）代表机会、T（Threats）代表威胁。SWOT分析法即通过分析企业自身的优势、劣势、机会和威胁，将内外部条件、资源有机结合起来。

对某品牌来说，SWOT分析法分析内容如下（对单个产品同样适用，但其中的分析颗粒度会更细一些）。

- 优势。主要分析企业自身在成本、产品、营销、渠道等方面的优势，有哪些是企业能做而竞争对手做不到的。
- 劣势。主要分析企业不擅长的地方和缺陷，哪些是竞争对手做得好而企业做得不好的，或者是消费者离开企业的原因、最近的失败案例及原因。
- 机会。主要分析外部的产品、渠道、营销等方面存在哪些机会，企业内部的短、中、长期规划中蕴含哪些机会点。

- 威胁。主要分析客观的经济环境、行业政策等方面给企业带来的威胁是什么及是否能规避。

企业可用SWOT分析模型来进行分析，如图2-2所示。

外部分析	内部分析	
	优势（S）	劣势（W）
机会（O）	SO战略 发挥优势 利用机会	WO战略 克服劣势 利用机会
威胁（T）	ST战略 发挥优势 回避威胁	WT战略 克服劣势 回避威胁

图2-2　SWOT分析模型

可根据具体的需要，有针对性地构建SWOT分析模型。

某品牌化妆刷SWOT分析如图2-3所示。

优势
(1) 专业化妆工具品牌。
(2) 平价，高品质，在电商平台畅销，有良好口碑。
(3) 符合环保标准，化妆刷柄使用铝和木材，可进行回收处理。
(4) 刷毛软中带韧，不过度追求柔软，上妆轻松。
(5) 凹槽设计的粉底刷使用方便，节省粉底液，不会弄脏手

劣势
(1) 在A区域的消费者对本品牌的认知水平较低。
(2) 没有形成差异化的工艺和产品

机会
从艺术角度出发，更关注消费者精神方面的需求，虽然在彩妆产品和护肤品上已有品牌使用，但在化妆刷市场上尚属于比较少见的做法。而本化妆刷作为彩妆的黄金搭档之一，可以给消费者带来精神享受

威胁
(1) 化妆刷市场有很多老品牌，市场认可度比较高，产品系列完善，在专业性方面本品牌不占优势。
(2) 在与意见领袖合作联名方面，很多品牌已有成熟的玩法，占据了大部分流量份额，在这个赛道上竞争特别激烈

图2-3　某品牌化妆刷SWOT分析

经过分析，该品牌可以采取的解决方案有以下几种。

（1）发挥优势，克服劣势。突出上妆轻松，价格亲民，且品质高。

（2）克服劣势，利用机会。突出艺术性这个独特卖点。

（3）利用优势、机会，规避威胁，克服劣势。提炼出宣传语："一个拥抱年轻人的品牌，一款玩转美妆艺术的化妆刷。"

课堂讨论

请阅读叶小鱼营销工作室的右侧二维码的《安吉维妮电商首页策划》，分组讨论以下问题。

（1）一款艺术家开发的化妆刷，如何在市场中赢得竞争？

（2）为什么要做目标人群分析和竞争对手分析？

（3）"一个拥抱年轻人的品牌，一款玩转美妆艺术的化妆刷"这句宣传语是如何产生的？

《安吉维妮电商首页策划》

2. 核心竞争价值链对比分析法

核心竞争价值链对比分析法是将自身的价值点一一列出并与竞争对手对比，以找到差异点的方法。

核心竞争价值链对比分析法能够让企业充分判断和理解竞争对手是谁，竞争对手在做什么，如何与竞争对手形成差异化，从而塑造与竞争对手完全不同的商品、服务或品牌独特形象。

在进行商品的竞争分析时，可以将主要的购买价值点一一列出，找到价值链上的空白点，从而找到商品的特点和优势。

图2-4所示为某火锅店核心竞争价值链对比分析。其中高端火锅店在店铺形象、口味口感、价格、用餐体验、客户服务等方面的分值均比较高，将每个方面的分值连接起来便形成高端火锅店的价值链；中低端火锅店的每个方面的分值都低于高端火锅店，但价值链走势类似；海底捞则开辟了一条自己的价值链，在店铺形象、口味口感、价格等方面的分值均略低于高端火锅店，但在用餐体验、客户服务方面达到了更高水平，这种差异化策略对一些注重体验、服务的客户非常有吸引力。

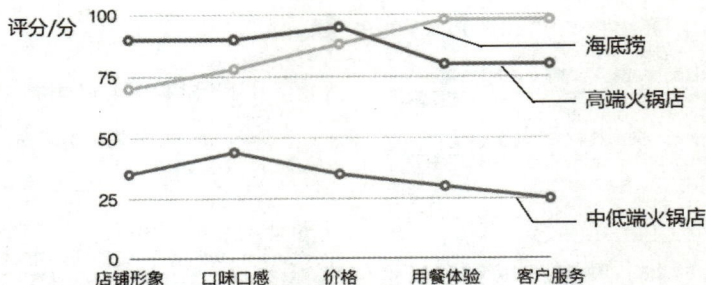

图2-4　火锅店核心竞争链对比分析

↘ 三、卖点提炼

当目标人群的特点、竞争对手的特点及自身的优势确定后，即可对卖点进行提炼。卖点要符合目标人群的需求，与竞争对手有区别。广告文案应让消费者明白，购买文案中的商品能够获得具体的、竞争对手的商品所没有的价值。

20世纪50年代初，罗瑟·里夫斯提出"独特的销售主张"（Unique Selling Proposition，USP）理论，具体如下。

（1）每个广告要向消费者提出一个明确的利益点。如"怕上火，喝王老吉"提出了可以降火的利益点。

（2）这个利益点必须是商品独具的、竞争对手没有或不曾提出的。如某感冒药药厂曾第一个提出"白天用白色药片不瞌睡，晚上用黑色药片睡得好"的利益点。

（3）这个利益点必须有利于销售，能影响大部分消费者。如"香飘飘奶茶，一年卖出三亿多杯，能环绕地球一圈，连续七年全国销量领先"的利益点。

随着时代的发展，商品及品牌增多，商品同质化日益严重，USP理论的应用空间越来越小，但其思考模式在文案写作上仍有参考价值，如现在大部分的商品卖点开始由商品的功能特点走向商品所倡导的价值观。

　　例如，运动品牌的商品功能大同小异，但是企业可以通过倡导不同的价值观来传达独特的品牌精神，引起消费者的共鸣。如安踏的"Keep Moving（永不止步）"。

　　通过目标人群分析找到具体的目标消费者的特征，通过竞争对手分析找到自身的优势，接下来就需要结合这两点来提炼卖点，如图2-5所示。

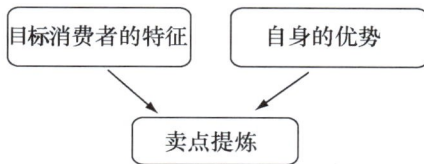

图2-5　卖点提炼

　　如一个零食品牌，目标消费者特征包括喜欢冒险、敢于挑战，而自身优势为零食的品种独特且选材新鲜、新奇，提炼的卖点则很有可能是"敢尝鲜，才够味"。这一方面能引起目标消费者的共鸣，另一方面也能体现商品的卖点。

课堂讨论

　　请为一款无化学添加的可供孕妇使用的洗发水提炼卖点。

任务三　文案的创意思考及输出方法

　　文案创作需要有创意的发散性思考，也需要有逻辑、有条理的输出呈现。因此，本任务重点阐述创意思考方法——发散思维树状图、创意表格思考法、元素组合法，以及运用金字塔原理将文案输出。

一、发散思维树状图

课堂讨论

　　根据"美白"这个词，你能联想到哪些词汇或事物？

　　在广告文案创作过程中，可通过树状图来完成思维的发散。例如，某品牌天然矿泉水的卖点是"天然水源"，则可以在这个基础上做思维的发散。"天然水源"这个卖点就像是树的主干，而"绿色""大自然""水更好喝"等相当于树的主枝，每个主枝还可以开枝散叶。在一个元素的基础上进一步联想，可以想到无数个关键词，在树状图中选择一个最能打动自己的关键词，再进行提炼，如从"甘甜"中可能会提炼出"有点甜"的卖点，而其他联想关键词则很有可能成为相关广告可运用的元素。发散思维树状图如图2-6所示。

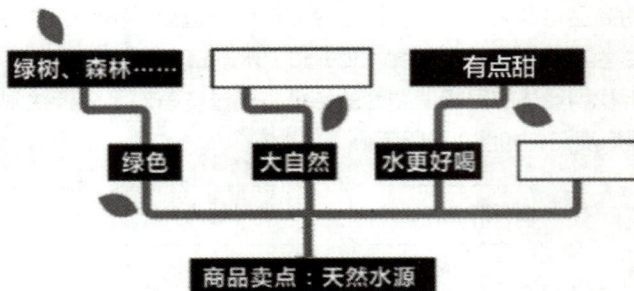

图2-6 发散思维树状图

文案实战训练

在图2-6中的空白部分写下你的联想关键词，并且尝试为该天然矿泉水品牌提炼一句广告文案。

二、创意表格思考法

课堂讨论

如果你是一个糖果公司的新媒体文案人员，接到一个工作任务——开发一款创新的糖果。你会提出怎样的糖果开发建议呢？

发散思维树状图适用于在确定的信息上进行创意发散，以确定卖点，然后做出好的文案。前文的发散思维树状图中，确定的卖点是"天然水源"，而文案工作中还有一种具有不确定性的创意工作，如工作任务为开发一款创新的糖果。那么应该如何思考呢？

日常的思考方法是随机将口味进行组合，如"红枣味+巧克力味""苹果味+奶酪味"，或者将形状和口味进行组合，如"三角形+草莓味"等，得出的结果会比较随机。采铜在《精进》中提出了创意表格思考法，设计了一个创意表格来帮助人员思考，理论上，如果对思考维度进行穷举，即可获得无穷的创意结果。

表2-3所示为开发一款创意饼干的思考结果，从口味、结构、造型、颜色等多个维度分别列出各种创意，将各维度的创意相组合即可获得一种结果。

表2-3 开发一款创意饼干的创意表格

序号	口味	结构	造型	颜色	……
1	巧克力味	单层，厚	圆形	黑色	……
2	牛奶味	单层，薄	方形	白色	……
3	草莓味	夹心，厚	细棒形	黑白两色	……
4	香橙味	夹心，薄	粗棒形	三色	……
……	……	……	……	……	……

使用创意表格思考法的步骤如下。

（1）从现有的产品中找出分解问题的维度。如从市场现有的饼干中发现，饼干有夹心的、有单层的，有厚的、有薄的，因此可找出"结构"这一维度。

（2）对每一个维度进行细分。如"口味"维度，进一步思考口味有哪些，然后在"口味"这一维度下填写"巧克力味""牛奶味"等。

（3）对不同维度下的创意进行组合。如将"口味"维度中的"巧克力味"和"结构"维度中的"夹心，薄"及"造型"维度中的"细棒形"结合，则可获得"细棒形巧克力味夹心薄饼干"这一思考结果。

课堂讨论

尝试运用创意表格思考法开发一款创意手机，完善表2-4。

表2-4 开发一款创意手机的创意表格

硬件部分				软件部分			
维度1：屏幕尺寸	维度2：质量	维度3：材质	维度4：	维度5：交互方式	维度6：相机像素	维度7：信息提示方式	维度8：
如：5英寸（1英寸≈2.54厘米）	如：210克	如：金属		如：触屏	如：5000万像素	如：响铃	

↘ 三、元素组合法

很早之前的铅笔并不带橡皮头，但是当一个画家用铁皮将橡皮和铅笔连接到一起后，带有橡皮头的铅笔就逐渐流行起来了。

不同元素的组合常常能带来创意，如"耳机+录音机"就成了随身听，这运用的就是元素组合法——通过将不同的元素进行组合来形成创意。

创造广告文案时也可以运用这样的思维方式，如乳腺癌防治活动的公认标志"粉红丝带"的创意，就是将具有女性特色的颜色、柔软有质感的丝带与乳腺癌防治活动结合在一起形成的。

课堂讨论

请你运用元素组合法为一个高端糖果公司写三条儿童节的主题文案。在下方每行前三个空格中随机填写三个关键词，然后把这三个关键词与糖果关联起来，并将最终的结果填在每行最后一个空格中。

☐ + ☐ + ☐ = ☐

☐ + ☐ + ☐ = ☐

☐ + ☐ + ☐ = ☐

↘ 四、运用金字塔原理将文案输出

一般来说，新媒体文案人员的感性思维、发散性思维会更强，但逻辑思维可能会略有欠缺。新手撰写的文案常会条理不清，最终导致消费者根本看不懂这个文案到底要表达什么。

新媒体文案人员在进行创意思考时，运用的思维是发散性的，但输出的文案需要有逻辑、有条理，能使目标人群看懂。咨询公司麦肯锡有个逻辑思维方法——金字塔原理，如图2-7所示。

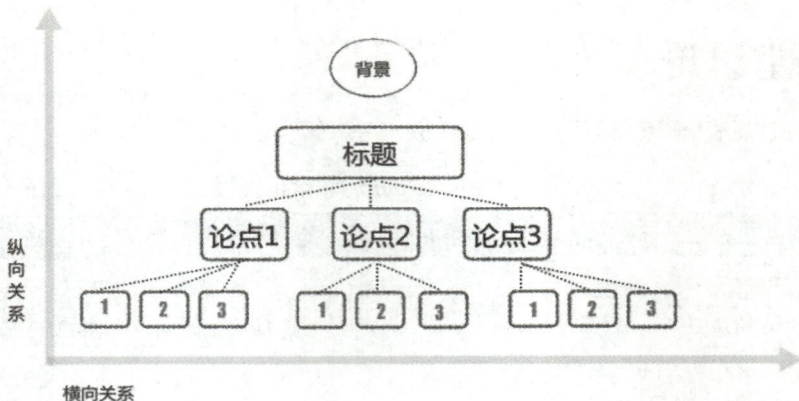

图2-7 金字塔原理

金字塔结构从上往下看，主要分为背景、标题、论点，每个论点下也可有分论点。在创作文案时，可视具体情况有选择性地运用背景部分。标题应反映文案的中心论点或要展现的核心卖点，让目标人群一看到标题就能明白文案的中心思想。论点1、论点2、论点3都是用来证明标题中的中心论点的，而且论点1、论点2、论点3之间的内容应当相互独立，互不重叠。图2-8所示为标题是"××雪地靴时尚又保暖"的文案金字塔原理。

如果××雪地靴的主要卖点是"时尚又保暖"，那么这个主要卖点应该反映在整个广告的标题中或成为主题，然后通过"工艺""材质""设计"这三个论点分别论述该雪地靴是如何时尚又保暖的，对这三个论点也可进一步论述。但如果论点变成"工艺优良""真皮打造""皮毛一体"，就会逻辑不清，因为"真皮打造"和"皮毛一体"都属于材质这个论点范畴。论点应是相互独立的。

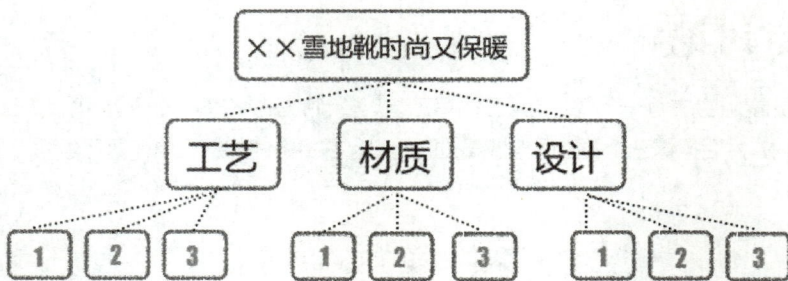

图2-8 "××雪地靴时尚又保暖"的文案金字塔原理示例

如果文案较长，一般会采用"总—分—总"结构，在结尾部分再总结一次中心思想、强调核心卖点，以增强目标人群的记忆。当文案较短时，则采用"总—分"结构。

图2-9所示的是某扫地机器人的配置说明文案，用的是"总—分"结构。标题"三大配置升级，当得起你喜欢"，是文案的中心思想；下方的"App智能控制""220毫升自加湿水箱""2合1大拖布"是三个论点，作用是支持、说明标题。

三大配置升级，当得起你喜欢

从前坚持的，依然保留；现在给您的，更多惊喜！扫地机器人三大核心升级，简化清洁流程，解放双手。打开App，尽情享受新科技带来的乐趣吧！

App智能控制	220毫升自加湿水箱	2合1大拖布
随时开启扫拖模式	代替人工 大户型适用	针对性处理顽固污渍

图2-9　某扫地机器人的配置说明文案

课堂讨论

网络上有有关"月薪3 000元的文案创作者和月薪30 000元的文案创作者"的文章，讲述的是文案创作者之间的文案技巧差别。如果有月薪30 000元的文案创作者，你觉得他可能比其他文案创作者多懂得哪些知识或多具备哪些能力？

【项目实训】文案创作思路实战训练—— 良谷米电商首页策划方案

案例背景

良谷米又称粟米，属禾本科作物，是甘肃省会宁县长期以来自然选育的一个优良品种。现今，为了大力推广良谷米，带动当地经济发展，易阳益良谷米品牌主理人提出需求：想在电商平台销售良谷米，现需要编制电商首页的策划方案。请查阅相关资料，根据实战训练要求拟写一份电商首页策划方案。本项目实训相关资料可在人邮教育社区（www.ryjiaoyu.com）《新媒体文案创作与传播（AIGC版 微课版 第3版）》相关配套资源中查看。

实战训练要求

（1）电商首页策划方案建议包含的内容：市场分析、目标人群分析、竞争对手分析、具体的电商首页呈现（确保能落地）。

（2）电商首页能体现出良谷米的特色。

实战训练步骤

（1）查阅叶小鱼营销工作室电商首页需求安排沟通内容，了解思考方向及要求；查阅良谷米包装策划文案、良谷米需求方沟通记录，熟悉良谷米品牌特色。

（2）网络搜索对应竞品电商首页，并进行拆解分析。

（3）班级内分小组，尝试用PPT列出良谷米电商首页策划方案，并互相点评。

项目三
新媒体文案的写作技巧

【学习目标】

- 了解新媒体文案如何吸引受众的注意力。
- 了解新媒体文案如何让受众产生代入感。
- 了解新媒体文案如何让受众产生信任感。
- 了解如何梳理文案目标。
- 了解三段式长文案写作原则。
- 掌握三段式长文案框架拆解方法。

【能力目标】

具备初步搭建一篇长文案框架的能力。

【素养目标】

在新媒体文案创作中培养创新精神和持续学习精神。

3

任务一　消费趋势变化对新媒体文案的新要求

课堂讨论

你是在什么情况下去查看微信和微博信息的，一般每天为此花费多长时间？

第三方数据机构QuestMobile发布的《2024中国移动互联网年度大报告》显示，截至2024年12月，中国移动互联网月活用户规模已经达到12.57亿，全网月人均时长达到171.7小时。

随着智能手机的发展所带来的移动互联网的兴起，各种信息资讯大量占用了用户的时间。手机不仅使大众的碎片时间被信息洪流占用，而且较小的手机屏幕也导致可展示有效信息的空间变小，大众的注意力变得越来越不集中。有研究显示，一百年前，人们保持注意力的平均时间在20分钟，而现在已经下降到了9秒——和一条金鱼保持注意力的平均时间相当。现在的人们就像骑着一匹急速奔跑的马来看世界，是名副其实的"走马观花"。

移动互联网占用了用户的大部分时间，人的精力和时间越来越碎片化。现在，越来越多的人不愿意把时间浪费在观看广告等无益的活动中，因此，在视频网站上越来越多的人愿意花钱关闭视频前面长达几十秒的广告。当大众的时间、注意力、精力都变得稀缺，花钱则是为了节省筛选的时间。

时间的碎片化，注意力和精力的稀缺，使得传统的广告传播形式变得越来越难，因为消费者再也不是被动地接受；与此同时，他们对自己关注和感兴趣的内容更加主动：在刷牙、等地铁时可能就看完了一篇文章，也可能在微信、微博上顺手转发分享了几条信息。这些变化，意味着企业的广告文案必须随着人群的习惯而发生改变。

新媒体文案需要让消费者在碎片时间中被标题、文案主题快速吸引注意力，而在内容上则需让消费者有代入感，能够持续吸引消费者阅读，与此同时还需让消费者产生信任感，这样消费者才会对商品或服务有购买意向，或提升对品牌的好感度。

任务二　新媒体文案如何吸引受众的注意力

课堂讨论

一般情况下你会首先被文案的哪一部分吸引？请在表3-1的对应选项后填写"是"或"否"。

表3-1　文案各部分

文案的组成部分	是否吸引你
文案的标题或主题	
文案中的人物	
其他	

大卫·奥格威在《一个广告人的自白》中说："标题在大部分广告中都是重要的元素，能够决定读者到底会不会看这则广告。一般来说，读标题的人比读内文的人多出4倍。换句话说，你所写标题的价值将是整个广告预算的80%。假如你的标题没有达到销售效果，那么可以说你已经浪费了客户80%的广告预算。"

开头能带给人第一印象。通常来说，文案的标题就是这个文案的开头，但因媒介不同，开头的形式也会有所不同。例如，视频广告或语音广告，前1～3秒属于开头部分；杂志或宣传册，封面的标题和版式设计为开头部分；个人简历、PPT封面的标题及版式设计都属于开头部分。

文案大师罗伯特·布莱提出了好开头的四大功能：吸引注意、筛选顾客、传达信息、吸引人们持续阅读。换句话说，文案的开头首先应该让人注意到，而且要让广告信息被相应的人看见或听见，传递出去的信息一定要和广告品牌所期望达到的目的相关，并且要让人产生想进一步了解的欲望。如某牙膏品牌的广告标题"帮助孩子击败蛀牙"，这句话直接引起了有蛀牙孩子的父母的关注，不仅吸引了注意，而且筛选了顾客，把那些需要购买防蛀牙牙膏的父母筛选了出来，他们看到这个标题，就会想要进一步了解应该如何帮助孩子击败蛀牙，继而了解此品牌的防蛀牙牙膏，这样企业就达到了广告的目的。这个广告标题对此品牌的文案来说就是一个好开头、好标题。

好的开头，最关键的是吸引注意。下面从大脑关注原理开始讲解如何撰写有吸引力的新媒体文案。

一、大脑关注原理

部分人对大脑结构的认识很笼统，认为大脑结构分为左脑和右脑。左脑负责语言、逻辑推理等线性思考，而右脑则负责图像、音乐、创意、想象等艺术类概念性思考。左脑关注细节，右脑关注大局。

神经学专家保罗·麦克里恩提出了"脑的三位一体理论"——人脑的构造从生物进化的角度来看，分为三个脑，分别为旧脑、间脑、新脑。根据这个理论，神经营销研究者帕特里克·任瓦茨及克里斯托弗·莫林在《销售脑》一书中指出三个脑相应地处理不同的信息，如图3-1所示。

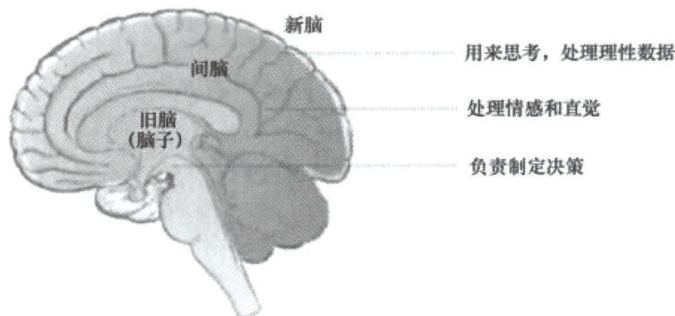

图3-1　人脑的三个部分

旧脑。顾名思义，旧脑是大脑构造中最古老、原始的器官，也是原始进化的直接结果。旧脑主要用来做决策，同时能够直接或间接接收来自其他神经系统的输入信息。它能够持续审视外界环境，判断是否安全，并立刻做出"逃跑"或"战斗"的生存决策，它与我们的生存策略息息相关。直到现在，爬行类动物的脑也保持着旧脑的原始形态。旧脑又叫"爬行脑"或"基础脑"。

间脑。间脑用来感知，处理情感和直觉。间脑是距离旧脑最近的大脑，大部分冲动购物行为，都来源于情感或直觉对间脑的刺激。

新脑。新脑是最后进化发育的，主要用来处理理性数据。

在写文案时，需要同时考虑新脑的理性思考、间脑的情感处理、旧脑的决策制定。这三个部分刚好构成了文案的一种基本框架：理性沟通—情感沟通—刺激快速做出决策。

如销售家用汽车的文案，在理性沟通方面会给出很多具体的参数来说明汽车的性能好，如从发动机、轮胎材质、车内空间等方面进行说明；而在情感沟通方面，除了会给每款车取一个打动人的名字，如"天籁""甲壳虫"，还会用一家人开心使用车的场景来刺激消费者的情感；而在刺激消费者快速做出决策方面，则很有可能会说明现在汽车正在做优惠活动，不购买的消费者很可能会错过机会。

一般具有销售力的文案会同时具有以上三个部分。但是不论如何设计，文案首先要有一个吸引人的好开头。

结合实践经验，通常有四种吸引人的原理：与"你"相关、制造对比、满足好奇心、启动情感。与"你"相关、制造对比是直接与旧脑沟通；满足好奇心同样是基于人类的生存发展需求，也是与旧脑对话；而启动情感则是与间脑沟通，以快速让旧脑做出决策。

↘ 二、与"你"相关

消费者可能并不关心商品或服务本身，他们只关心商品或服务能够给他们带来什么，或者说能够为他们做些什么。所以，使用"你"这个字的文案更容易被注意和理解。例如，文案在说明一个新系统更节省能量的时候，不应该说"新的系统将比旧系统节省50%的能量"，而应该说"新系统将为你节省50%的能量"。

大部分企业的文案都侧重于描述"我是什么""我有什么"，很少关注能给目标人群带来什么。编者在运营微信公众号的时候，发现运用"与'你'相关的原理"的文案的效果特别明显：写图文标题的时候，多加一个"你"字，阅读量会比平时增加5%～10%。

在文案实践中，与"你"相关可进一步分解为与"你"的收益相关、与"你"的标签相关、与"你"的生活相关。

1. 与"你"的收益相关

文案内容与"你"的收益相关，即直接说明商品或服务的卖点能够给消费者带来的好处、收益或价值。换句话说，就是消费者购买的不是商品或服务，而是商品或服务能够给他带来的好处。图3-2所示的小米胶囊耳机和净水器广告文案就运用了这一原理。

小米胶囊耳机的广告标题是"创新胶囊外观，佩戴更舒服"，突出商品卖点为像胶囊一样的外观，好处就是让消费者佩戴时更舒服。佩戴更舒服，就是消费者所关注的商品的卖点所带来的直接好处。

小米净水器的广告文案"打开水龙头就能喝到纯净水，隐藏式设计省空间"，突出商品卖点为方便，消费者购买商品能够得到的好处是打开水龙头就能喝到纯净水。

如果文案直接用"小米净水器很方便"，消费者很难感知这种方便的效果；但如果是"打开水龙头就能喝到纯净水"，大部分人会马上有感觉，这是因为大脑更倾向于关注具体的信息，而且这句文案还构建了一种消费者打开水龙头喝水的画面，更容易被记住。

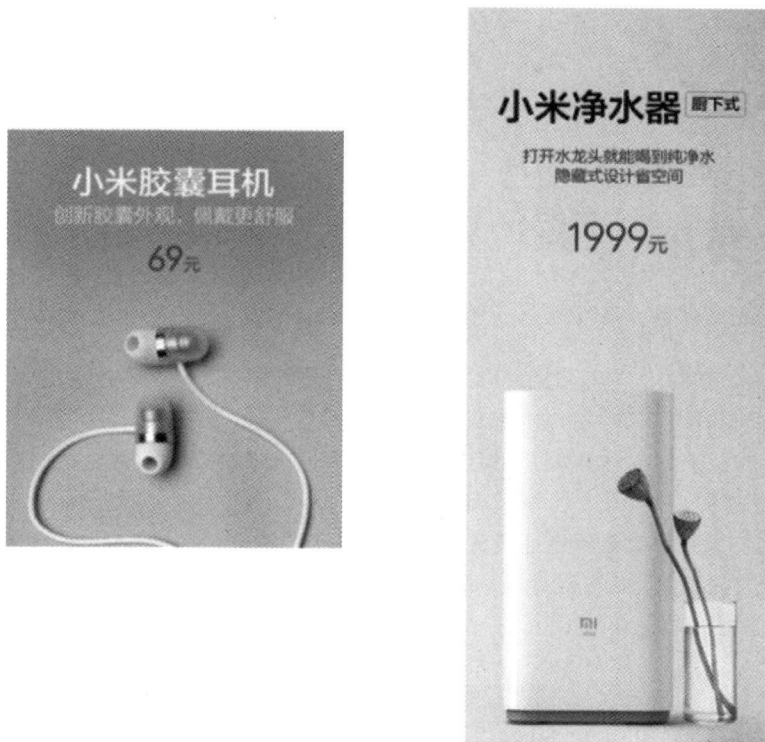

图3-2　小米胶囊耳机和净水器广告文案

图3-3中的米兔智能故事机广告文案突出了商品卖点有好音质，消费者购买商品得到的好处则是"保护宝宝听力"；有大电量，消费者购买商品得到的好处则是"陪宝宝玩得更久"。如果直接说卖点而少了后面那句话，就会让文案显得空洞，且无法引起消费者的关注。

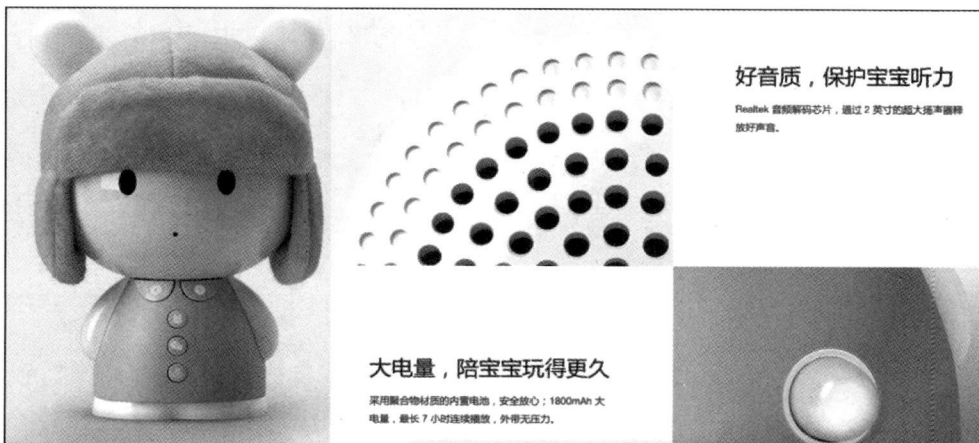

图3-3　米兔智能故事机广告文案

新媒体文案人员在写文案时，应时刻询问自己商品的卖点是什么、能够带给消费者的好处或价值是什么，然后用目标消费者能理解的语言表述出来。这样的文案才更容易引起消费者的注意。

课堂讨论

如果你是一个钢笔企业的新媒体文案人员，现所在企业推出了一款全新钢笔，卖点为书写顺滑，你会用怎样的文案来表现这个卖点？

2. 与"你"的标签相关

课堂讨论

当朋友问你"你是谁，来自哪里"的时候，你会怎么回答？

与"你"的标签相关的内容包括"你"的名字、个性、爱好、母校、出生地等能够定义"你"是谁、"你"来自哪里、"你"的个性是什么的标签。

例如，小明毕业于北京大学，在他接收到的一连串信息中，关于北京大学的信息会比其他信息更容易被他注意到。

很多人在朋友圈中经常会看到朋友分享有自己名字和相关个性标签的图片，这也是同样的道理。分享者不仅关注与自己相关的标签，而且愿意分享，以展示或树立自己的社会形象。与"你"的标签相关的分享图如图3-4所示。

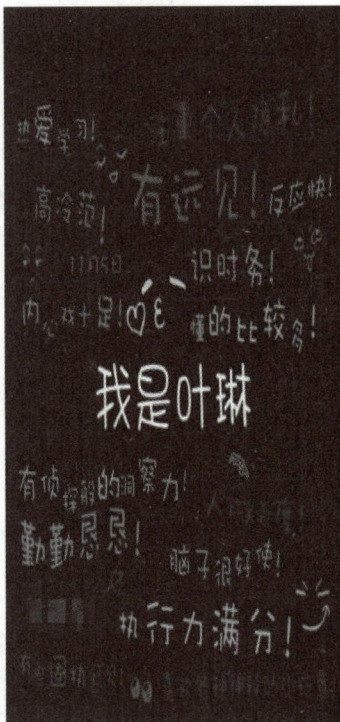

图3-4 与"你"的标签相关的分享图

曾经一度很火的"生日报"也是同样的道理，只要与自己的标签相关，即使是出生那天的报纸也可能会被消费者注意，甚至被珍藏。

与"你"的标签相关的原理，在新媒体文案工作中可被进一步运用。年轻化的品牌更愿意利用与"你"的标签相关的原理来做广告，这不仅可表现品牌的独特风格，也可以打动年轻人的心。

3. 与"你"的生活相关

与"你"的生活相关的内容涉及吃、穿、住、行等方面，大到生活的城市、每日的天气，小到刷牙的一个细节或动作，甚至与精神生活相关的价值观等。凡是与商品或服务的目标人群的生活相关的都是与"你"的生活相关的。例如，住在深圳的人更容易注意到这样的标题："深圳今日起有最大风力等级为十二级的超强台风"。有龋齿的人，更容易注意到这个标题："注意！这几个生活习惯会加重你的龋齿"。

企业在做相关宣传的时候也会考虑到与"你"的生活相关的内容。

可口可乐公司为了传达环保、可持续理念，开展了公益传播活动"快乐重生"，通过创意瓶盖将饮用完的可口可乐塑料瓶变身为有趣好玩的日常用品，鼓励消费者对饮料瓶进行循环再利用。此活动不仅与"你"的生活相关，还让品牌渗入消费者的日常生活。

拓展阅读

搜索三顿半的"返航计划"，体会品牌如何通过运用与"你"相关的原理打动目标人群。

课堂讨论

如果你需要撰写关于一款美白商品的文案，以吸引目标人群的注意，你会如何写？请运用与"你"的生活相关的原理尝试撰写。

三、制造对比

对比，即把两种事物对照比较，使目标人群的感受更加强烈。对比手法常常用在文学创作中，如动与静、明与暗、冷与热的对比，甚至是突发情况与日常情况的对比。对比强烈的事物，会直接触发大脑的决策机制。

为什么大脑会对有对比的信息加以关注？正如温水煮青蛙的道理，青蛙的反应取决于一个因素，就是水的温度。如果直接把青蛙放进热水里，强烈的温差会触发青蛙的行为，它会迅速跳出来；但是，如果让水逐步升温，青蛙会产生热适应，即使水温很高了也不会跳出来。

这也说明了大脑的工作原理：强烈的对比会促使大脑做出决策。从根本上来看，人更关注突发情况或状态的突然改变。

手机突然震动，黑暗中突然打开了电灯，安静的环境中突然传来响动……这类突发情况都会触发关于周围环境发生变化的信号。我们的感官总是积极主动地搜寻周围环境中突发情况的信号，以便随时做出有利于自身的决策。

因此，文案工作人员应通过制造对比来引起消费者的关注。在文案创作中，可以制造的对比有之前和之后的对比、没有解决方案时和有解决方案时的对比、新版本和旧版本的对比。

41

1. 之前和之后的对比

文案工作人员通过运用使用商品或服务之前和之后的对比，或者现在和未来的对比，让目标人群更明确地感受到文案所表现的商品或服务的卖点。一般来说，商品或服务效果明显，采用之前和之后的对比更有说服力。如使用染发商品之前和之后的对比，使用美白商品之前和之后的对比，等等。

之前和之后的对比的常见用法有："看到一个女生做发型前后的对比效果，我们都惊呆了""自从他入职团队，团队工作效率提升了80%""做好时间管理，30分钟能完成原本3小时才能做完的事"。

另外，之前和之后的对比也常运用在平面设计上，能够让人更直观地感受到对比效果，图3-5所示为商品抗衰老效果对比，图3-6所示为牙齿美白效果对比。

图3-5　商品抗衰老效果对比

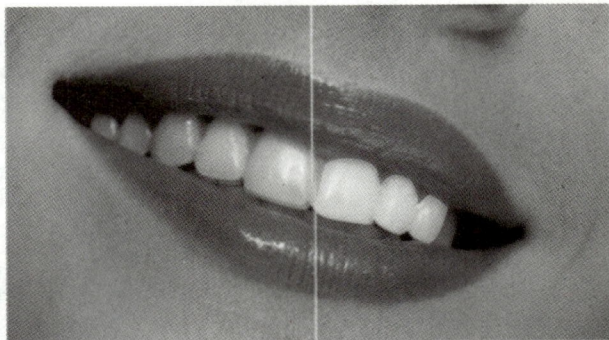

图3-6　牙齿美白效果对比

2. 没有解决方案时和有解决方案时的对比

文案工作人员可通过运用使用解决方案前后的对比，体现出商品或服务的卖点。一般此方法用在可以解决麻烦、费时费力问题的商品或服务上。如步步高点读机的文案"妈妈再也不用担心我的学习"，讲的是使用点读机之前妈妈要陪伴孩子学习，并且可能出现无法教好英语的情况；而用了点读机之后，妈妈再也不必为此担心了。又如文案"学会这5种超实用整理术，项链、戒指……再多我也能一秒找到"，讲的是使用超实用整理术有助于消费者解决之前到处寻找饰品的痛点。又如文案"再也不怕来客人！一大桌好菜照着烧就行"，讲的是用该文案的方法有助于解决来客人时不知如何烧一大桌好菜的问题。

3. 新版本和旧版本的对比

文案工作人员可通过运用商品或服务的新版本与商品或服务的旧版本对比的方法，突出商品或服务的新版本的优势。运用这一方法的文案，可直接帮助目标人群在众多的商品或服务中进行选择，让目标人群不仅注意到文案所展现的商品或服务的优势，而且更容易记住文案所展现的商品或服务。图3-7所示为空调升级版与旧版的对比，分别从压缩机、材料、控制方式等方面进行对比，让消费者在对比中看到升级版商品的优势。

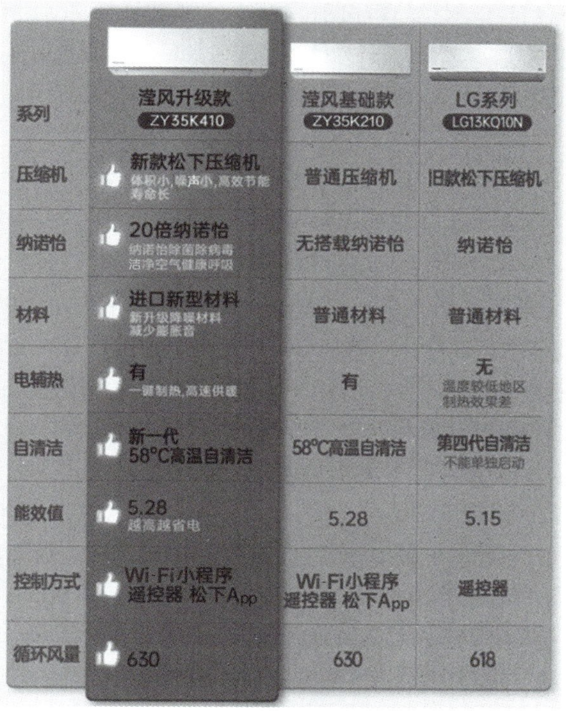

图3-7　空调升级版与旧版的对比

以上三种对比——之前和之后的对比、没有解决方案时和有解决方案时的对比、新版本和旧版本的对比，都是通过对比来吸引消费者注意商品或服务的卖点。需要特别注意的是：一切方法都不能脱离文案所服务的商品或服务，较好的检验方法就是问自己一个问题——我用的这个对比是否能够强有力地体现出我的诉求？

↘ 四、满足好奇心

课堂讨论

你会因为好奇而查看一则广告吗？

自古就有很多名人指出好奇心的重要性，如居里夫人说"好奇心是学者的第一美德"，爱因斯坦说"我没有特别的才能，只有强烈的好奇心"。

人为什么会有好奇心呢？有一个来自果壳网的解释，编者非常认同："人们对生存环境中不可知事物的关注、理解和研究可以让人们在预测、防御和处理危险时更容易成功，从而避免伤害。"

心理学家把好奇分为知觉性好奇、认识性好奇、人际好奇三大类。

1. 知觉性好奇

知觉性好奇是由新奇的视觉或听觉上的刺激引起的，新的刺激可能会引发个体的探索行为。

如某广告品牌一直都在宣传"全新"，主要目的就是通过不一样或者新推出的某种技术刺激消费者进一步探索。

2. 认识性好奇

认识性好奇是由知识上的不确定性引起的，能激发个体提出疑问、寻找答案，最终获得知识。比如，相传牛顿由一个掉落的苹果产生了"为什么苹果会掉落"的思考，从而发现万有引力定律。

将"如何"一词用在句子开头，就可能会引发读者的认识性好奇。如"如何快速阅读一本书""如何在21天养成一个好习惯"。

3. 人际好奇

人际好奇主要是人们在社会生活领域中产生的社会性好奇，包括信息缺口好奇、兴趣关联好奇、社会比较好奇。

（1）信息缺口好奇。当一个人当前拥有的知识与想要获得的知识存在差距、缺口时，就会产生好奇心，并会探索新的信息，以弥补信息缺口。引发信息缺口好奇的文案如果用简单的句式来概括，会是这样的，"你知道……但未必知道……""你知道海底捞厉害，但未必知道它真正厉害在哪里""你知道眼睛近视不只是因为用眼过度，但未必知道是哪些因素"。

（2）兴趣关联好奇。当事物与自我喜好、自我需求相关时，人们则会产生好奇心。每个人的兴趣、需求不一样，因此关注点也会有差异。

如喜欢绘画艺术的人会对"凡·高为何……"这个标题感兴趣。根据兴趣的喜好度和需要度，以及人际关系的紧密程度，文案工作人员可以判断文案的标题、开头是否可以引起消费者的关注。

（3）社会比较好奇。当个体将自己的信息与他人的信息进行比较时，如果发现自己缺失某方面的信息则会产生剥夺感，从而激发自己去了解他人信息的好奇心。个体为了与他人比较，首先需要获知他人的信息，并把他人的特点和经历与自己的特点和经历进行比较。如"乔布斯在20岁的时候就学过这些"。

课堂讨论

如果你负责一款剃须刀的新媒体文案创作，你会运用哪种好奇心来吸引目标人群的注意？请填在下方横线处。

我会运用_____好奇，原因是_____。

↘ 五、启动情感

戴尔·卡耐基在《公共演讲》中说："当你同人打交道的时候，请记住，你不仅是在与一个遵循逻辑的物种交往，而且是在与一群有情感的生命交往。"

启动情感即通过情感的刺激达到吸引人注意、打动人心的目的。情感可直接作用于间脑，从而影响旧脑，情感更容易直达人的内心并加深记忆。

多项脑研究的结果显示：当人们对某人某物产生强烈的情感反应时，就会产生相应的激素，从而加速和强化我们的记忆。

情感可以按照不同的标准分类。如按照价值的正负变化方向，情感可以分为正向情感和负向情感，正向情感包括愉快、信任、感激、庆幸等，而负向情感则包括痛苦、鄙视、仇恨、嫉妒等。按照价值主题的类型，情感可分为个人情感、集体情感和社会情感。心理学家保罗·埃克曼证实了人类有喜、怒、哀、惧等基本情感。

喜，即喜悦。励志类的文案标题常表达此种情感，如"历经数十年，终战胜病魔"，通过讲述过程的艰难，传达出成功的喜悦之情，以此感动他人。

怒，即愤怒。《少年不可欺》这篇文章通过描述作者使用气球拍摄地球的创意被两家企业假借合作之名剽窃，并且这两家企业在事后交涉过程中态度不善这一事件，掀起消费者对这两家企业的讨伐声，激起了大家的愤怒。

哀，即悲伤。新闻自媒体可能通过个别案例引发大众的哀伤情绪，在短时间内引起人们的关注，但在企业文案中应少用悲伤情感，以免对品牌形象带来负面影响。

惧，即恐惧。恐惧会带来担忧，唤起担忧是企业常用的情感刺激方法，如销售摄像头的企业，会通过文案唤起消费者对安全的担忧；教授钢琴的培训机构，会通过文案唤起消费者对孩子兴趣培养的担忧。

情感有很多种，想要运用启动情感的原理，需根据商品和品牌的风格选择合适的情感。如品牌风格为欢乐，则应尽量避免运用悲伤、恐惧的情感。可口可乐不会轻易采用"恐惧营销"，而是通常在广告中呈现快乐分享的正面形象。

根据以上方法，可运用文案吸引力检验清单来检验文案的开头是否能吸引消费者的注意力。文案吸引力检验清单如表3-2所示。

表3-2　文案吸引力检验清单

选项	是否吸引消费者的注意力
与"你"相关	
制造对比	
满足好奇心	
启动情感	

文案的开头只要满足清单中的任意一项，则为合格的文案开头；如果同时满足清单中的两项及以上，则为80分及以上的好文案开头。

例如，"1元买汉堡包"，可以直接对应与"你"相关中的与"你"的收益相关，为合格的标题。这个标题之所以合格是因为活动本身的设置就具有吸引力，活动力度大。所以，针对活动力度大的活动，应直接在文案标题中把最大的收益点阐述出来，如"全场5折"。这样的标题直接传达了主要信息，也体现了受众的受益点。

课堂讨论

某投资公司的文案标题"揭露华尔街的潜规则"，你觉得该标题运用了哪个原理来吸引注意力？

某珠宝品牌的广告语"因爱而美，为爱而生"，用文案吸引力检验清单来检验，会发现其与清单中的四个选项有偏差。从吸引力的角度来看，这个广告语是不合格的。广告语是否合格主要看文案用在什么地方，如果文案无须吸引力则不需要用吸引力原则来做判断。

文案吸引力检验清单检验法有效的前提为文案符合品牌方的品牌特性，否则文案开头即使吸引了消费者的注意力也是失败的。如"没钱上耶鲁大学？参加我们的在家进修课程吧"，这个开头就不适合一个收费很高的培训机构，但对一家主张收费低、品质好的培训机构而言则是合适的。

另外，还需要考虑一些特殊的品牌，如个别手机公司每次推出新手机，都有很多"粉丝"翘首以待。在这样的情况下，基本不需要考虑吸引注意力，因为品牌本身对相应的消费者自带吸引力。因此，这里所讲的原理只适合在一般品牌的文案需要吸引注意力的情况下运用。

📋 文案实战训练

思考以下标题采用了哪些原理。

（1）"不需要开冷气，您家里的每个房间就能立刻凉爽无比！"（　　　）

（2）"不必久等，快速办理公司登记。"（　　　）

（3）"7岁女孩扛起爷爷的一片天。"（　　　）

（4）"如何用3分钟制作一份早餐？"（　　　）

任务三　新媒体文案如何让受众产生代入感

新媒体文案人员在写作之前，经常会收到客户或领导的要求：请写得有代入感一点。那么，代入感是什么？这里分享一个故事。

在繁华的大街边，坐着一个衣衫褴褛、头发斑白、双目失明的老人。他不像其他乞丐那样伸手向过路行人乞讨，而是在身旁立了一块木牌，上面写着："我什么也看不见！"过往的路人很多，但老人得到的施舍寥寥。

中午，法国诗人让·彼浩勒经过这里时看到了标语，了解老人的情况后，掏出衣袋里仅有的一些钱，放在老人身边的小盆里，然后拿起笔，悄悄地在标语的前面添上了"春天到了，可是"几个字，就匆匆地离去了。晚上，让·彼浩勒又经过这里时向老人询问下午的情况，老人笑着对他说："先生，不知为什么，下午给我钱的人多极了！"让·彼浩勒听后，摸着胡子满意地笑了。

"春天到了，可是我什么也看不见！"和之前的"我什么也看不见！"对比来看，是同一个意思，但效果却大相径庭。很明显，对于之前的"我什么也看不见！"，大家是没有感觉的，但是"春天到了，可是我什么也看不见！"能够让路人感受到一个双目失明的人对生活的热爱和无奈。是啊，春天到了，但蓝天白云、绿树红花、莺歌燕舞对他来说都是看不见的，真是让人心酸和同情。

"春天到了，可是我什么也看不见！"就是一句有代入感的文案，让人能够感同身受。

代入感的定义是什么？代入，在数学中是一种代换，如A+B=C，当A=1的时候，就是用数字

"1"代换A。在小说、影视作品甚至游戏中，代入则指的是相应的受众能够和作品中的人物一样感同身受，产生身临其境的感觉。在广告文案中也一样，代入感就是把受众带进一个特定的销售场景中。

那么，如何制造代入感呢？制造代入感主要通过营造合适的销售场景来实现，这里介绍四个方法：讲故事、提问题、用情怀、造悬疑。

一、讲故事

课堂讨论

你喜欢听故事吗？你觉得故事有哪些作用？

下面分享一个故事。

真理赤裸着身子，冷得浑身战栗。他被很多人驱赶，他的赤裸使人们感到害怕。当寓言发现他时，他正蜷缩在一个角落里瑟瑟发抖，饥饿难耐。寓言对他充满了同情，于是把他带到自己的家里，用故事把真理装扮起来，使他感到温暖，然后又把他送出去。真理在穿上故事的外衣之后，当他敲响别人的房门时，总能被热情地迎进屋子里。人们邀请他一起吃饭，并用他们的炉火温暖他冰冷的身躯。

这就是故事的力量，人们在故事的情境里能够感同身受、理解真理。广告文案也一样，企业通过讲故事，可以快速地让人产生代入感。

例如，某红糖品牌的故事，"北大学霸"为女朋友做了一款红糖。他找到云南省轻工业科学研究院，采用他们的技术，确保不仅无人工添加剂，还能把原料中的杂质去除。为了选出最合适的甘蔗原料，找到云南干热河谷的甘蔗。他最终做出一款口感细腻、甜度低及无杂质的红糖。这样一个故事，饱含了情感，也凸显了商品卖点，很容易打动人。某红糖品牌广告文案如图3-8所示。

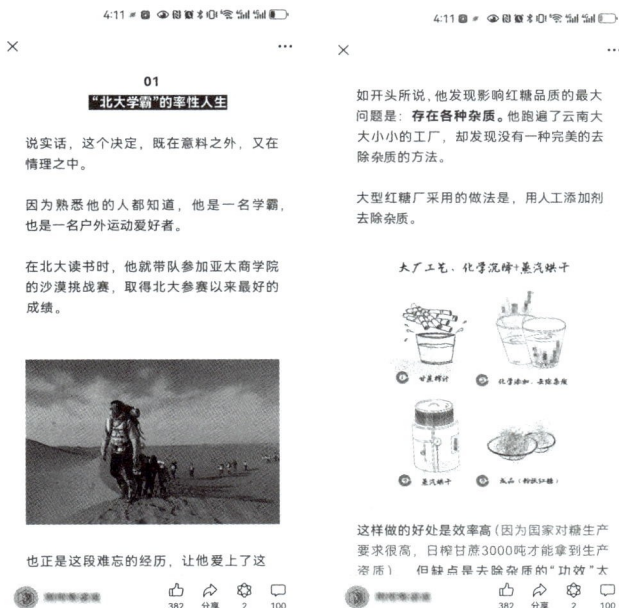

图3-8　某红糖品牌广告文案

又如，美食公众号"文怡家常菜"卖过一种售价很高的案板。当期的文案一开始就讲述了一个故事，体现案板的卖点。这个故事主要讲的是几年前文怡在香港居住时，好友送她一款案板，香港是个潮湿之地，但这块案板十分好用，从不发霉，一直默默地陪她做出一顿顿饭菜，让家人享受到健康的日常菜肴，如图3-9所示。

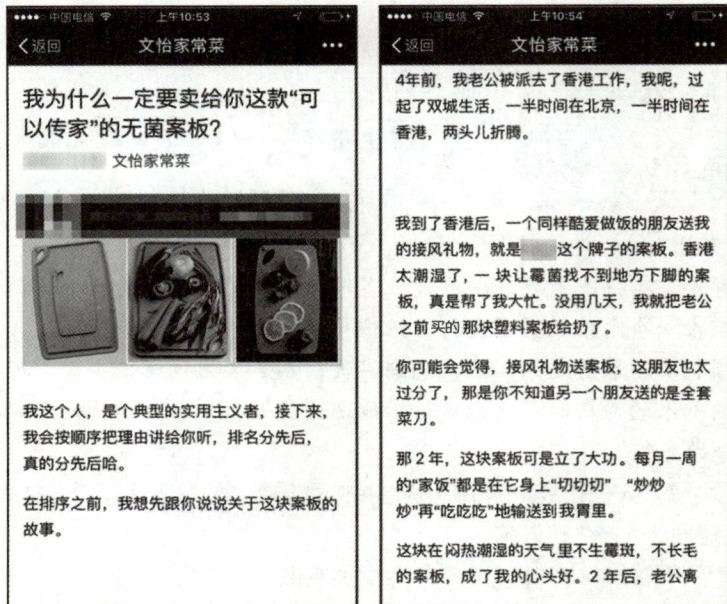

图3-9 "文怡家常菜"的销售文案

就是这么一个故事，配上商品的卖点，带来了极高的销售量。

讲故事的魅力就在于此，它能够让人立刻有代入感，从而产生情感，这份情感促使人行动，对品牌而言，自然而然就带来了高销售量及品牌溢价。

讲故事的方式几乎适用于任何商品和品牌，尤其适用于同质化比较严重的商品，如果在卖点上找不到更大的突破，就可以用故事来加强情感联系，当然也可以在商品本身就具有很明显的特点时，用故事来深化这个特点。

课堂讨论

如果你负责一个麻辣烫店铺的文案工作，目标人群主要为学生，你会讲一个什么样的故事来包装麻辣烫？

↘ 二、提问题

"请问，你觉得学校食堂饭菜的口味怎么样？"

你看完这句话，是不是在极力搜寻有关学校食堂饭菜的记忆，以便于回答这个问题？如果文案再针对你的不满意因素来提供对应的解决方案，且解决方案中包含某个商品，那你会不会更容易接受这个商品？

对于问题，大部分人的本能反应就是去理解它，去回答它。有学者认为，这么做的原因要归结于我们所受的社交训练，当有人问我们问题时，我们必须做出回答，而要给出正确的回答就要求我们必须理解这个问题。

提问题，能促使消费者踏上被预先设置的思考路径。提问题能使人思考、引起重视、做出反应，更容易让人有代入感。如某肥皂电视广告："难道你不喜欢使用×亚？难道你不希望每个人都使用它？"还有经典的文案："你的头皮健康经得起指甲测试吗？"

提问题一般适用于介绍功能性比较强的商品或服务，通过提问题将消费者带到需求的困扰点上，然后介绍品牌商的商品或服务能解决困扰。

课堂实践

请给一瓶矿泉水写一段文案，尝试用提问题的方式来写作。

三、用情怀

逛街的时候你有没有注意到橱窗？橱窗通常是一个店铺当中最漂亮、最吸引人的区域。每个店铺的橱窗装饰都会花费设计师极大的精力，以起到不仅体现品牌风格，还触动消费者的作用，甚至包括店内播放的音乐，也都是精心挑选的。这一切都在营造一个场景，而最终的目的就是激发人的情怀。情怀是什么？情怀是一种体现个人价值观和追求的心境、情趣和胸怀。如大家常说的"生活不只眼前的苟且，还有诗和远方"，其中的"诗和远方"就是情怀的体现。

文案工作人员在创作新媒体文案时，需要动用一切能用到的资源来营造凸显情怀的氛围。

淘宝网上有一个带有文艺风格的女装品牌——步履不停，它有一个很经典的情怀文案，如图3-10所示。

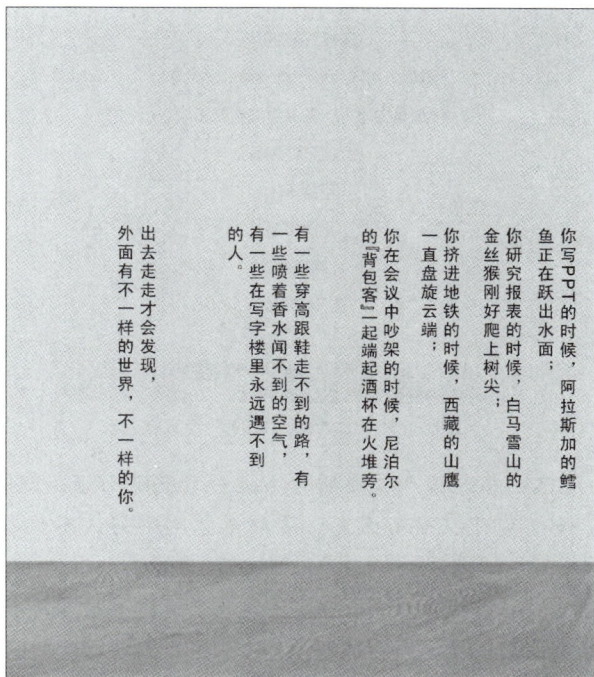

图3-10　步履不停的广告文案

"你写PPT的时候，阿拉斯加的鳕鱼正在跃出水面；你研究报表的时候，白马雪山的金丝猴刚好爬上树尖；你挤进地铁的时候，西藏的山鹰一直盘旋云端；你在会议中吵架的时候，尼泊尔的'背包客'一起端起酒杯在火堆旁。有一些穿高跟鞋走不到的路，有一些喷着香水闻不到的空气，有一些在写字楼里永远遇不到的人。出去走走才会发现，外面有不一样的世界，不一样的你。"

这样的文案，非常具有代入感，引起很多"朝九晚五"的职场人士的共鸣，并且一度被广泛引用。

当然，除了文案，还可以用其他用得上的资源来凸显这种情怀。如卖花平台FlowerPlus，主要通过文案、合适的音乐来凸显情怀，如图3-11所示。

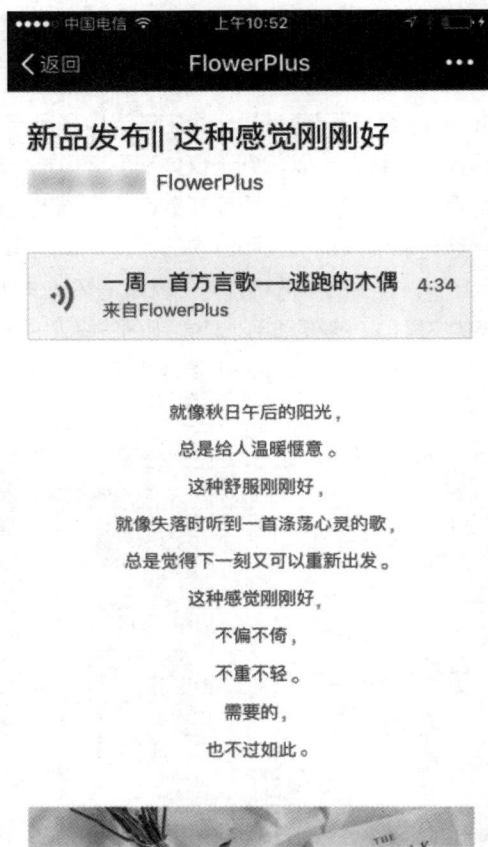

图3-11　FlowerPlus的广告文案

"就像秋日午后的阳光，总是给人温暖惬意。这种舒服刚刚好，就像失落时听到一首涤荡心灵的歌，总是觉得下一刻又可以重新出发。这种感觉刚刚好，不偏不倚，不重不轻。需要的，也不过如此。"

这里的文案就像诗歌一样，营造出温暖而惬意的氛围。标题下方插入了音乐，配合音乐来看文案及漂亮的配图，受众很容易产生自己只要拥有这样一束鲜花就能够拥有这样温暖和惬意的生活的想法，内心向往美好生活的情怀被触动。

讲情怀尤其适用于带有文艺风格的品牌，也同样适用于非生活必需品。品牌通过宣传一种生活方式，营造出具有情怀的氛围以达到让受众有代入感的目的。

课堂实践

给一个猫咪形状的杯子写一段有情怀的文案。

四、造悬疑

你有没有发现生活中有个很有意思的现象——大多数追电视剧的人，很容易一集接着一集看下去，根本停不下来。再仔细研究一下你就会发现，几乎每一集的最后几分钟都会设置一个悬疑点，促使观众急切地想在下一集里找到答案。

这同样是为了让人产生代入感，但是运用的方式是造悬疑，通过设置疑问，激发人想探究下去的欲望。这样的方式常常用在新媒体文案的开头，也会散布在长文案中间，目的都是吸引受众继续看下去。

如某品牌洗发水的文案《为了孩子这一点，他连百万元年薪都不要了！》，这篇文案讲述了一个爸爸放弃了年薪百万元的工作，做了一款纯植物配方的洗发水的故事。

极大的反差让读者心中充满疑问：为什么要这样做？这种方法如同约瑟夫·休格曼所说的滑梯效应："每个广告元素都必须引人入胜，这样才会让目标人群觉得仿佛是从一个话题上滑落，无法停住，只能一滑到底。"将目标人群带到这个滑梯上的好方法就是造悬疑。

造悬疑和提问题有点类似，但造悬疑是为了刺激人继续探索，让人想了解最后的答案，从而继续看下去；而提问题的直接目的是引起人对相关问题的思考。

文案工作人员写文案时要根据自身的情况有选择地运用不同方法制造代入感，其中讲故事适合同质化严重的商品或服务，也能够用于特点显著的商品或服务；而提问题更适合于有明显特色的商品或服务；用情怀适用于非生活必需品或带有文艺风格的品牌；造悬疑侧重于引导用户探索并最终揭示解决方案，也适用于一般的软广告。总之，具体情况应具体分析。文案工作人员写完文案后，可对照文案代入感检验清单检验自己的文案是否能让人产生代入感，如表3-3所示。

表3-3　文案代入感检验清单

选项	是否能让人产生代入感
讲故事	
提问题	
用情怀	
造悬疑	

文案实战训练

下面哪句话属于造悬疑？
（1）据说用这个方法洗脸的人一个月就会变白。
（2）我保证，30天后你会出现在这个地方。
（3）这款巧克力竟然可以"许愿"。

课堂讨论

请分享你看过的充满悬疑感的文案，并分享你认为内容中的悬疑感是怎么来的。

任务四　新媒体文案如何让受众产生信任感

课堂讨论

你会在不信任一个商品的前提下购买它吗？为什么？

如果一个新的保健品的广告文案一直在诉说保健品多么好、多么有用，你会购买它吗？大部分人可能不为所动。显然，一个新的商品，尤其是保健品，对消费者来说，首要的问题就是是否值得信任。其他商品广告也是一样的，人们愿意付费买单的前提之一是广告文案让他们觉得是可以信任的。

广告宣传的主要目的就是在消费者心中留下深刻的印象，以期影响到他们日后的购买决策。在"传播—影响—购买"的过程中，消费者对广告文案的信任程度关系到宣传的目的能否实现。

社会学家尼古拉斯·卢曼认为，信任是对产生风险的外部条件的一种纯粹的内心估价，是针对风险问题的一种解决办法，并且信任是和风险联系在一起的。人在面对一个新事物的时候，第一反应是判断风险，在信任逐步产生的时候，风险就会逐步降低。广告文案，尤其是销售类文案，十分重要的目的就是降低受众面对的风险，让其产生信任。那么，如何降低风险，增加受众信任度，证明卖点呢？接下来将介绍用权威、反权威、用细节、用数据、客户自证、示范效果、说愿景这七个方法。

↘ 一、用权威

在广告文案中，要说服别人相信，可以使用用权威。用权威的方法会把消费者对权威机构、权威个体等的信任转移到商品或服务上。以下将从权威的个体及组织、权威标志、权威认证、权威的演变及权威附着五个方面分别进行阐述。

1. 权威的个体及组织

权威的个体及组织通常指一个行业内具有发言权的个体及组织。如营养品对应的权威个体是营养师，对应的权威组织则是相关研究单位或营养学会。而对学生而言，老师往往就是具有权威性的个体，教育部则为权威组织。

2. 权威标志

一般由国家相关权威部门推出行业标准，达到对应标准的企业或组织才能使用对应的权威标志。如食品行业中的权威标志有绿色食品、有机食品、QS（Quality Safety，质量安全）等。

3. 权威认证

权威认证指由权威机构进行认证并颁发相关的证书或出具相关的报告，权威机构如中国质量认证中心等。由权威机构颁发的证书、出具的报告具有权威性，如权威机构出具的珠宝鉴定证书、质量检测报告等。

4. 权威的演变

当一些品牌或行业没有特定的权威标志，又需要用权威来说服消费者的时候，商家可以在权威标志的基础上做演变，自己创造品牌专属标志用以强调卖点，达到让信息可信的目的。如某品牌奶粉广告中的"天然营养锁留系统"，其运用一个盾牌作为标志，加上"锁留系统"这样的专业性词汇，同样会给受众留下权威的印象。

可以让自己的品牌成为行业中的权威，成为一个领域的知识提供者，现实中很多品牌都是这么做的。例如，运动类品牌将自己塑造成运动专家，甚至将运动教学视频上传至自己开发的App并免费开放给所有人，而自家的商品则成为运动教学中的道具。让受众在特定方面依赖于品牌专业权威的知识，品牌即被塑造成权威专家的形象。

5. 权威附着

权威附着表现为商品或服务被行业中的龙头企业所认可，这同样具有权威性。例如，某个新品牌，其商品入驻了某企业的卖场，因该企业是零售商超界的龙头企业，其卖场商品入驻标准较高，该品牌商品能进入该企业的卖场销售说明其各方面均达到了较高标准。因此，这个新品牌在此之后入驻其他小型卖场就会更加容易。

从权威的个体及组织、权威标志、权威认证、权威的演变及权威附着五个方面看，你会发现，用权威的方法适用于新品牌、新商品，尤其适用于强调专业性的品牌、商品。

课堂讨论

日常生活中，你还看到哪些广告运用了用权威的方法？

拓展阅读

搜索电影《实验者》，了解米尔格拉姆服从实验的详细过程。

↘ 二、反权威

课堂讨论

如果你手掌脱皮，有点痒，同学告诉你他之前也是这样的，强烈推荐你涂抹一种药，告诉你用完马上就好，你会去买吗？

有调查报告显示：朋友推荐的口碑形式是信任度最高的广告形式。而这种形式，恰恰和用权威是相反的，我们称其为"反权威"。当然，反权威不只包括朋友推荐的口碑形式，还包括真实客户案例分享、使用反馈及评价等，这些均来自第三方，为已经发生的事实。反权威属于实证，可以让传达的信息更容易被信任。

反权威的日常运用包括真实客户故事、客户评价等。

1. 真实客户故事

20世纪90年代末，快餐业巨头赛百味为了标榜自己的三明治健康，脂肪含量低，以"7个三明治只含有不到6克的脂肪"做宣传，然而业绩并没有飞涨，偶然被发现的一个真实客户故事却有效地提升了赛百味的业绩。

大学生贾里德·福格尔大三的时候体重已经到了193千克，需要到大码店挑选最大码的衣服。贾里德的父亲是个家庭医生，多年来一直警告自己的儿子要减肥，但一直没有成效，当贾里德因过于肥胖引起脚肿时，贾里德的父亲警告他，现在的情况很有可能进一步导致糖尿病和心脏问题，再这样下去贾里德可能活不过35岁。贾里德决心通过他所谓的"赛百味饮食法"减肥，坚持3个月只吃赛百味，当他再次站在体重秤上的时候，体重秤显示的是150千克，他减了43千克。

这个故事被赛百味的加盟商发现后，进行了推广宣传。1999年，赛百味销售业绩平平，而在2000年，营业额上升了18%，到2001年又同比增长了16%，而当时其他规模较小的三明治连锁店每年的营业额增长率为7%左右。

真实客户故事远比广告语更具说服力，上述故事让受众直接认识到赛百味的三明治不仅脂肪含量低，还是减肥时可以选用的食品。

不过，真实客户故事有很多，但好的客户故事可遇不可求，不是所有的真实客户故事都是好的客户故事。这里有一个判断标准——客户故事的主题是否和广告重点宣传的方向是一致的。如赛百味的宣传方向是产品健康、脂肪含量低，而故事中的客户正好是吃赛百味来减肥，并且减肥成功。如果真实客户故事是其他事件则很难产生这么好的效果。新媒体文案人员需要保持一定的敏感度，善于发掘和分析客户故事。

2. 客户评价

当面临的选择很多，无法进行判断的时候，客户评价是很好的参考依据。如用餐这件事，在同一个街区用餐，可供选择的餐厅有上百家，如何找到最适合自己口味和需求的餐厅？看五光十色的招牌、宣传单，还是一家一家地尝试？此时此刻打开餐厅点评类网站或App即可查询到其他客户的用餐评价，我们就能更快速方便地找到适合自己的餐厅了。通过其他客户的用餐评价，我们会很快了解到想去的餐厅的口味、环境、服务等信息，这样的信息远比商家自己提供的真实可信。

在购物网站选购商品时，若我们无法判断商家信息是否真实可信，往往会去查看客户评价。在广告文案中，也可以运用客户评价，直接将真实的客户评价展示在文案中，增加文案的可信度。

例如，小米官网将几款商品的客户评价直接展示出来，以增加商品的可信度和说服力。其中米兔智能故事机的评价更是强调了商品的卖点："适合婴幼儿使用""全家人都可捆绑故事机"等，如图3-12所示。

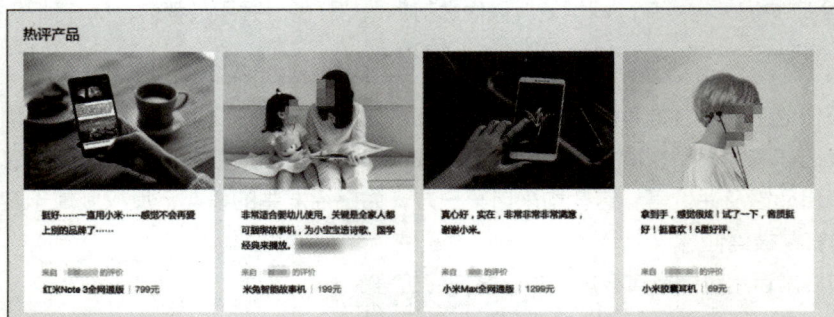

图3-12　小米官网的客户评价

客户评价还可直接运用到广告中，甚至可以作为广告文案主体出现。

网易严选曾在广告中明确指出"我们不用流量明星拍广告，用户就是我们的活广告"，并展示了对应口碑用户，如图3-13所示。该系列广告一经投放，就引来众多网友拍照打卡。

购物网站鼓励买家发布自己使用商品的照片、去写评价，也是同样的道理。

图3-13　使用客户评价作为广告文案主体

↘ 三、用细节

细节能够帮助人理解和记忆，容易让人产生信任。心理学家尼斯贝特的团队研究发现，亚洲人和北美洲人在认知上存在差别，亚洲人更在乎细节。观看同一幅图时，北美洲人在乎图中的主体部分，而亚洲人除了主体部分，更在乎细节，会花费更多的时间去研究这些细节。

那么，在广告文案中，细节都有哪些呢？

细节就是更具体的信息、更具体的卖点。通过在广告文案中逐个展示细节，可以体现整个商品主要的卖点。

　　例如，我们要表达"小明很善良"这个意思，如果直接说"小明很善良"，不熟悉小明的人感受不到，这句话可信度也不高；但是如果有细节——小明某天在街上遇见一只受伤的小猫，特地送小猫去宠物医院治疗，那么"小明很善良"这个观点就变得可信了。

　　同理，商品的卖点是通过一个个细节来表现的。例如，小米手机的广告文案中展示了四个细节，如图3-14所示，就是为了说明手机品质好。如果直接说小米手机很好，可信度不高，但是展示出四个细节——十核旗舰处理器、全金属一体化机身、4 100mAh超长续航、全新MIUI8，就能告诉用户手机好在哪里、为什么好。

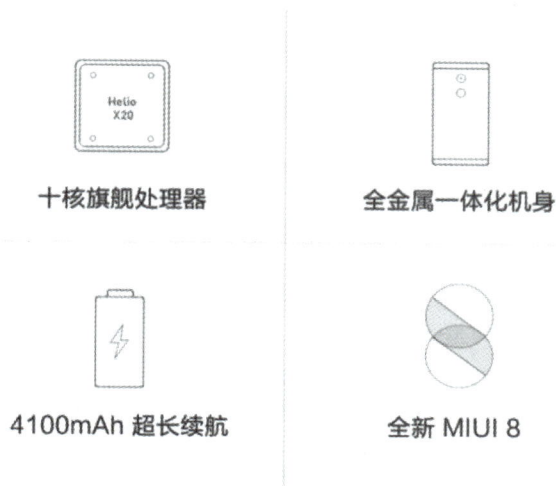

图3-14　小米手机的细节展示

　　类似的细节展示，在受众对商品有兴趣后才有效。如果受众还不知道商品，或者是在新品上市的时候，就应主推一个细节，这样做的好处是可以让整体的信息聚焦，更方便传播。如小米4的"一块钢板的艺术之旅"，其对外宣传的重点只有一个核心细节——钢板。

　　人们常说"细微之处见真章"，从细节能够看到一个事物的本质。大众汽车就用了细节来说明"甲壳虫"汽车好，如"即便是车底，看起来也有点意思""看看汽车挡泥板下方吧！你会意外地发现你做梦也想不到的东西——喷漆涂层"。

　　每一则广告都从不同的细节来说明"甲壳虫"汽车的卖点，从别人看不到的车底，到汽车挡泥板下方的喷漆涂层，都是在告诉用户，有很多细节即使用户没有注意，"甲壳虫"汽车仍然尽善尽美地做到更好。

课堂讨论

　　如果让你写一款双肩帆布包的广告文案，你会表现哪些细节？在写作前请在淘宝等电商购物平台搜索"双肩包"，查看其他品牌是如何表现自身的卖点的。

四、用数据

　　人们常说"用数据说话"，会议中用数据展示工作成效会更有说服力，广告文案中用数据也是以理性的方式来证明商品卖点。

智能手机市场竞争激烈，各手机品牌都推陈出新，在营销上费尽心思。但有一家手机品牌，默默赚得了销售量和用户口碑，还凭借一句广告文案火了，那就是OPPO。

在智能手机续航能力不足，频繁使用时电量无法维持一整天的时候，OPPO推出了"充电5分钟，通话2小时"的广告文案，这句广告文案用数据说明了OPPO手机的核心卖点——快充技术。

其实，在这之前OPPO已经推出拥有快充技术的手机，但推出这句广告文案后，OPPO R7迅速成为爆款，也带动了OPPO其他拥有快充技术手机的销售。

如果OPPO直接说"OPPO手机充电就是快"，用户的感受是不直观的，但是如果说"充电5分钟，通话2小时"，大部分用户能够立刻感受到OPPO手机充电很快这个卖点。用数据，让信息变得准确可信。这句广告文案除运用数据外，还抓住了商品的核心卖点及用户的核心关注点——大部分智能手机续航能力差，需要很长的充电时间。商品本身是关键，只有用最有效的、最能体现商品卖点的广告文案，才能提升商品的销售量。

美的空调的"1晚1度电"也是同样的道理，如果直接说空调很省电，用户的感受是不直观的，但是"1晚1度电"用数据呈现了美的空调的省电能力，用户会立刻感知。

类似用数据来说明商品卖点的例子还有很多，如精工表的"1 000次撞击，精工表依然精确无比"，用"1 000次撞击"的数据来说明手表的耐用；大白兔奶糖的"7粒大白兔奶糖等于1杯牛奶"，表现了大白兔奶糖的牛奶含量很高。

广告文案中的数据越准确越好，尤其是涉及商品成分时。如象牙肥皂的广告文案"99.44%的纯粹"，象牙肥皂称得上是宝洁公司具有历史意义的拳头商品，它于1879年面世，"99.44%的纯粹"是该品牌沿用了很久的广告词。当时宝洁公司让一位化学分析师对该肥皂进行成分分析，化学分析师发现除极少量的游离碱等物质外，该肥皂主要成分占比达到了99.44%。由于这个数据精确到了小数点后两位，因此它也给人一种专业、值得信赖的感觉。

用数据的原则是能用阿拉伯数字就不用中文数字。"100元"比"一百元"更打动人心。

↘ 五、客户自证

客户自证，即鼓励客户通过自己的方式去验证商品或服务的卖点，让信息可信、可验证。美国的温蒂公司运用客户自证方法，让自己从激烈的竞争中脱颖而出。

温蒂公司于1969年创立，它在刚步入美国快餐食品市场时，就发现美国的快餐食品市场早被各大企业瓜分完毕——麦当劳占45%，汉堡王占30%，肯德基、哈迪等企业各显其能争夺剩余市场份额。温蒂公司经过10年的努力，营业额已接近麦当劳的1/4，并且雄心勃勃，紧盯麦当劳，寻找机会发起挑战，以抢占更多市场份额。1983年，这个机会终于来临，美国农业部搞了一项调查，发现麦当劳的号称有112克的汉堡包的肉馅缺斤短两，从未超过84克。温蒂公司决定以此为武器，狠狠反击麦当劳，拍摄了一则后来在美国极其有名的广告片*Where's the beef？*（《牛肉在哪里》）。

广告描述的是一个认真、爱挑剔的老太太和另外两位老太太在一家餐厅里吃午餐，面对桌上一个硕大无比的汉堡包笑逐颜开。可当她满心欢喜地撕开汉堡包时，发现中间的肉馅只有指甲盖那么大。她左看右看，表情由惊讶到好奇继而变成恼怒，最后对着镜头发出了一声大喊："牛肉在哪里？"接着响起了画外音："如果这三位老太太去温蒂吃午餐，就不会发生找不着牛肉的情形了。"

广告发布后激起了强烈反响，"牛肉在哪里？"很快成为美国人的口头禅。该广告还获得了知名奖项，这极大地提升了温蒂公司的知名度，销售额比预期增加了18%。

这则广告片就运用了客户自证的方法，配合当时的背景，言下之意就是吃汉堡包的时候你可以找找看，麦当劳的汉堡包的牛肉很少，而你可以来温蒂餐厅看看汉堡包的牛肉的分量，是否可信看看就知道了。

至1990年，温蒂公司的年营业额达到了37亿美元，在美国快餐食品市场的占有率达15%，跃上美国快餐连锁店第三把交椅。相比之下，麦当劳的市场占有率却下滑，此时的市场占有率只剩下41.25%。

在精品速溶咖啡赛道，三顿半凭借"客户自证"策略，成功打破消费者对传统速溶咖啡"风味廉价""溶解困难"的刻板印象。品牌紧扣"还原现磨口感"的核心卖点，将产品效果验证权交予消费者，通过 "可视化实验+感官体验引导" 构建起从质疑到信服的完整"证据"链，成为国产新消费品牌中"自证营销"的标杆案例。

1. 降低验证门槛，让效果"可操作"

三顿半首先在产品设计上植入自证逻辑——每一颗迷你咖啡罐外包装均标注"3秒冷水即溶"，并同步在官网、社交平台发布《溶解对比实验指南》，详细指导消费者拍摄对比视频：将三顿半咖啡粉与某品牌速溶咖啡块同时倒入冰水中，用手机记录溶解速度差异。这一设计巧妙将技术优势转化为用户可执行的动作，消费者仅需3秒即可直观验证卖点真实性。与此同时，三顿半在电商详情页突出"100%阿拉比卡豆""SCA80+精品评分"等认证，为自证实验提供原料端背书，形成"品质承诺—验证工具—权威认证"的闭环说服体系。

2. 激发用户参与动力，让自证"可传播"

为放大用户自证行为的传播价值，三顿半推出"#3秒溶给你看"抖音挑战赛，鼓励消费者上传实验视频并@官方账号，每月评选"最佳实验官"赠送全年咖啡礼盒。活动精准触达咖啡爱好者与科技测评类达人，引发"自来水"式扩散，巨量算数2023年数据显示，相关视频累计播放量达4.2亿次，其中用户自创内容占比超65%。更有用户开发出"咖啡溶解速度与水温关系曲线图"等硬核测评，进一步巩固品牌"技术流"形象。这种"让用户成为广告主体"的策略，既降低传统广告成本，又以真实场景增强可信度。凯度《2023咖啡消费决策报告》调研显示，看过实验视频的消费者购买转化率较普通广告提升2.3倍。

3. 深化感官认同，让价值"可感知"

在验证功能性的基础上，三顿半进一步推出"风味自证"工具——每盒咖啡附赠"风味轮盘"卡片，以色彩与味觉坐标标注柑橘、焦糖、坚果等风味层次，引导消费者依据轮盘提示品鉴。例如，超即溶系列5号的风味描述为"成熟水果的酸甜感与红茶尾韵"，用户可依据轮盘提示，重点感知中后段的口感变化。此举将主观味觉体验转化为可量化的参照系，帮助消费者建立"精品咖啡"的认知标准。为进一步佐证风味还原度，品牌联合瑞士SGS机构对冷萃系列进行盲测，结果显示其风味与现磨咖啡相似度达92%，该报告被置于天猫旗舰店首页，形成"自证+他证"的双重信任锚点。

这套自证体系直接拉动商业增长。品牌战报显示，2023年6·18期间，三顿半天猫平台销售额较去年同期增长89%，复购率达42%，显著高于行业均值。更深远的影响在于品类教育，第一财经《2023中国咖啡市场洞察》显示，原本被认为"不喝速溶"的精品咖啡用户中，有35%的用户因溶解实验开始尝试三顿半。三顿半通过"把显微镜交给消费者"的策略，成功将速溶咖啡从"便捷型产品"重新定义为"技术型消费品"，印证了客户自证策略对重建市场信任的关键价值。

六、示范效果

很多人购买行李箱的时候，会遇到以下情况。当询问这个行李箱是否结实时，销售员很有可能二话不说直接把行李箱平放，然后站在行李箱上，甚至在行李箱上跳跃，说："这个行李箱很结实，你看我这么站着都没有问题。"在这样的情况下，成交的概率较大，因为销售员直接将示范的效果给客户看。

广告文案中，在无法让客户自证商品或服务效果的情况下，商家会极力地展示示范效果，让客户看到效果的真实性，从而达到让文案可信的目的。

示范效果的经典广告有汰渍的广告。汰渍自1995年进入中国市场，直到现在，其广告风格和创意几乎没有变，是通过"衣服非常脏—用汰渍清洗—展示洗过之后的效果"来表现汰渍的去污能力，提高了"有汰渍没污渍"这句广告文案的可信度。

类似这种直接示范效果的案例还有很多，如电饼铛销售人员会直接现场做饼；厨房刀具销售人员会现场展示用刀具切各种物品的效果。示范的主要目的除了强调商品的卖点，还有展示客户使用商品的场景，让客户有代入感。另外，品牌商还可能会创造出极端的环境以展示商品效果。

路虎为了强调路虎汽车具有极强的越野功能，会拍摄路虎汽车在不同极端路况（如冰面、雪地、沙漠甚至是泥潭）上的优异表现，直接展示商品在极端情况下的使用效果。即使没有文案，也能够让人直接理解品牌商想说的话。

实用性强的商品，更适合运用示范效果的方式。好比之前提到的汰渍的去污能力，路虎汽车的越野功能，直接展示示范效果均为对商品卖点及效果的进一步说明。

七、说愿景

以上六种方法都是非常理性的方法，但是一些同质化非常严重的商品不适合采用理性的方法。如不同品牌的口红之间的差别很小，一方面，从理性的角度来看口红和口红之间成分几乎相同，只是颜色不同；另一方面，购买口红的需求，从马斯洛需求层次理论来看，是尊重需求，属于感性的需求。通常用说愿景的感性方式来满足人们的尊重需求，这里主要介绍运用名人代言展现美好形象、展示品牌或商品的价值观两种方式。

1. 运用名人代言展现美好形象

菲利普·科特勒说过："如果你的企业没有强有力的创新，那可以找一个代言人。如果人们看到一张有名的脸，会很快认识这个商品。"名人代言就是利用名人的光环效应（或晕轮效应），将某知名的、令人喜爱的、令人尊敬的人物形象与具体商品联系起来，将前者的价值转移到后者上。

名人自带光环，具有一定的声望、地位、成就，用名人代言可以直接在一定程度上人们的尊重需求。以一个模特的美好形象展示商品的使用效果，给人以暗示——使用该商品，也能够获得像模特使用后的效果；借用模特优质的形象为商品加分，可以进一步强化品牌形象。

品牌运用名人代言时，一般选用的名人的形象和受众的形象是相符的，并且和自己的商品属性相关。如某商品是销售给女性的，品牌选用的名人通常是对应受众形象的女性名人。但若女性品牌需选用男性名人代言，只要选对了角度，同样可以强调品牌本身的优势，从一个男性的视角来阐述相关的品牌价值，提升女性受众对品牌的认可度。

名人代言与用权威人物形象略有差别。名人代言不要求名人在具体行业中具有专业性，但要求名人的个人形象风格和品牌风格吻合。

2. 展示品牌或商品的价值观

除了运用名人代言，还可以通过突出使用商品后带来的种种感性的体验来说愿景，体现符合品牌精神和受众认同的价值观。

《消费者行为学》中有一项关于商品特定价值观的研究，研究对象为从事极限运动（如冲浪、滑雪等）的人，研究者发现自由、归属、优秀和联系这四种主要的价值观驱使研究对象进行品牌选择。例如，一位女性冲浪者热爱归属这个价值观，她通过穿流行品牌的冲浪服来表达这个价值观，即使这些品牌不是当地的主流品牌；相反，另一位冲浪者看重联系的价值，他选择当地三流品牌，并且努力支持当地的冲浪运动，以表达他的价值观。

香水的广告文案常会展示价值观，并营造美好的愿景，同时结合名人代言。某品牌的女士香水的文案"爱是人生的宝藏，珍惜那段相处的时光"，激发了人们对持久珍贵的爱情的向往，并且传递了"爱是人生的宝藏"这样的价值观。

另一品牌的女士香水的文案，主张不造作地追求真我的生活态度，通过画面和模特展现使用后的愿景，引起受众的共鸣——"此时，黄金显得冰冷，钻石缺乏了生机，不要造作，感受真实的奢华，唯有，××真我香水"。

某品牌的男士香水的文案"用大地香水的男人，脚下是坚实的大地，发间是闪烁的星辰"则表现出一个理想的男性应该拥有博大的胸怀，这也激发了受众想要拥有类似形象的愿景。

值得注意的是，品牌某些价值观是全球通用的，但某些价值观会因为文化不同而存在不一样的接受度。根据品牌的销售地域，需要考虑提炼的文案是否符合当地人的价值观。

对照文案信任感检验清单，检验文案是否能让受众产生信任感，如表3-4所示。

表3-4　文案信任感检验清单

选项	是否能让受众产生信任感
用权威	
反权威	
用细节	
用数据	
客户自证	
示范效果	
说愿景	

在实际写作过程中应根据具体需求进行方法的选择，一篇文案并不要求使用以上所有方法。那么，应该在什么情况下运用哪种方法呢？一般根据商品的价格敏感度和实用度来选择方法，方法使用矩阵如图3-15所示。

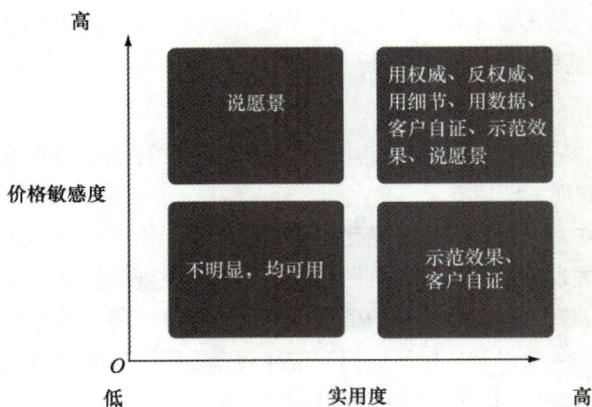

图3-15　方法使用矩阵

价格敏感度高，实用度低的商品，一般可选用说愿景的方法，突出使用商品后的效果或以强有力的价值观来提升消费者信任度，如名贵化妆品、香水等；价格敏感度高，实用度高的商品，七个方法都适用，如手机、汽车等；价格敏感度低，实用度低的商品，可灵活选用多种方法，根据具体情况进行选择；价格敏感度低，实用度高的商品，用示范效果或客户自证的方法会更合适，因为实用度高，卖点会更明显。

在实际工作中，新媒体文案人员需要根据商品的具体卖点来选择方法。例如，如果文案是针对母婴用品的，主要目的是消除消费者对安全的疑虑，就可以用权威认证来证明商品的安全性；也可以运用"分享真实客户故事+使用数据"的方法，类似"多少个（具体的数字）妈妈都在用"。这种多个方法组合的形式并不能直接在方法使用矩阵中找到，方法使用矩阵仅提供参考思路。

文案实战训练

请虚拟一个数据来说明一款手机的"轻"和"薄"的特点。

任务五　长文案写作原则及综合运用

↘ 一、三段式长文案写作原则

课堂讨论

对于一篇长达3 000字的文案，你觉得是开头重要，还是中间部分重要？开头和中间部分，分别应该达到什么样的作用？

开头的主要作用，就是吸引读者注意。约瑟夫·休格曼曾提出滑梯效应："广告中第一句话的唯一目的就是吸引读者阅读第二句话，第二句话的目的是吸引读者阅读第三句话，这样会让读者像坐滑梯一样，停不下来。"

约瑟夫·休格曼曾经为某恒温器写过一篇文案，就遵循了这样的原则。

标题："胡扯"的魔力。

图片说明：它没有数字显示器，样子也丑，还有个"愚蠢"的名字。

文案：你可能在期待我们用典型的推销员的宣传腔调，但是准备好被震惊吧！因为，我们并不想告诉你××恒温器是一个多么伟大的产品，而是要无情地揭露它。

当我们第一次看到××恒温器的时候，我们仅仅看了一眼它的名字就离开了。"讨厌。"我们看着这个塑料东西说，"看上去多廉价啊！"而且，当我们寻找数字显示器的时候，才发现它根本没有这玩意儿。所以，甚至还没等到销售人员向我们展示这个产品如何工作，我们就迫不及待地转身离开了。

这个文案的开头，其风格像是一家轻率的、爱挖苦人的、多疑的公司所为，不仅不去探索把一款不怎么美丽的产品卖出去的可能性，还要"无情地揭露它"，让读者出乎意料，也会让读者好奇接下来的内容。自然，文案的中间部分，会顺理成章地展现这个产品的几个优点，以及对应的产品特性。在广告的结尾，内容是这样的。

美丽只是一个肤浅的概念，名字其实也没有太多意义。但是我们确实希望能给××恒温器取一个让人印象更加深刻的名字。

这个文案投放了3年多，不仅给企业带来了可观收入，而且使得这款恒温器在美国的恒温器市场中占有重要的地位。

从文案结构来看，开头足够吸引人，中间用来表达核心卖点，结尾则呼应开头，再次提起名字的问题，有升华作用。

开头吸引注意，中间表达核心内容，结尾进行升华或引导行动，就是三段式长文案写作原则。

↘ 二、案例拆解：从硅胶泥耳塞文案中学习如何拆解及套用框架

作为初学者，比较简单的练习三段式长文案写作的方法就是拆解现有文案的开头、中间、结尾，然后套用框架进行写作。表3-5为硅胶泥耳塞文案及框架拆解。

表3-5　硅胶泥耳塞文案及框架拆解

文案原文	框架拆解
作为一个浅眠的人，每天早上叫醒我的，不是梦想，也不是闹钟，而是噪声。 邻居的开关门声、楼上小孩的走动声、楼下阿姨的聊天声、对面工地的施工声，声声入耳！ 研究表明，仅40~50分贝的较轻噪声便会影响人的睡眠。40分贝的突发噪声能使10%的人惊醒，而当突发噪声达60分贝时，70%的人会被惊醒。 而安静的夜里，声音格外明显。 很多时候，噪声没有大到值得特意起床去敲别人的门，却足以烦到你无法入睡。特别是有些房子，隔音效果真的不行，甚至能听到邻居家《甄嬛传》播到了"臣妾要告发熹贵妃私通"（真事儿）…… 这时，一副耳塞就很必要了。	1.开头吸引注意 一款耳塞的主要功能就是隔绝噪声，让人能够睡个好觉，因此，在文案的标题或开头，需要快速吸引对应人群的注意力，与这类人群加强联系。 开头可划分为3个部分。 （1）说明睡眠不好的人，经常受到噪声的困扰，目标人群产生共鸣，从而想继续阅读下去。 （2）给出数据说明噪声真的会影响睡眠。让目标人群对解决噪声影响睡眠的问题有更迫切的需求，从而很顺畅地转移到有关耳塞的话题。但与此同时，

文案原文	框架拆解
在网上搜耳塞，主流的都是那种"捏扁—塞进去—膨胀堵住"型，使用后睡眠确实好多了，可惜幸福总是短暂的。 　　几天后，我的耳朵奇痒无比。上社交平台一看：原来有这么多人和我同病相怜！戴耳塞不舒服、不戴耳塞睡不着，怎么办？ 　　有同样困扰的朋友们别急，我发现了这么个小玩意儿	站在用户角度考虑，可以选择的耳塞有很多，为什么要选择这一款？所以，有了第三部分。 　　（3）说明其他耳塞的缺点。比如，其他耳塞用着会不舒服（耳朵痒）
硅胶泥耳塞，优质睡眠的好搭档 　　对我（和很多耳部敏感的朋友）来说，"捏扁—塞进去—膨胀堵住"型耳塞是常见的选择，甚至我此次咨询的耳科医生表示自己也会用——大家痛并使用着，实在是因为没耳塞不行！ 　　但这种耳塞的缺点也很明显。 　　● 大小不一定合适，塞太紧撑得耳朵疼，戴太松翻两次身就掉了。 　　● 戴久了耳朵容易发痒。咨询医生后得知，这可能是因为耳塞和耳道皮肤的摩擦引起了机械性刺激，诱发了外耳道炎。 　　还有没有其他产品能帮帮我们？ 　　有，试试硅胶泥耳塞！ 　　硅胶泥耳塞的材料是硅胶，形态就像一小块橡皮泥，可塑性很强，有一定黏性，能被揉成各种形状。 　　它最大的特点就是：不用塞入耳道就能隔音，大小、形状都可调。我们可以根据自己的耳道宽窄拿出合适的量，搓热揉圆后将其放在耳郭里，然后从四周向里把它压平压实，排出耳塞与耳道口的空气。这样，它就会吸附在耳道口，起到隔绝噪声的作用了。 　　相比于传统的海绵耳塞，硅胶泥耳塞的密封性更强，如果正确使用，隔音效果会更优秀。 　　戴上是这样的，耳道口被堵得严严实实的。 　　自从换上硅胶泥耳塞后，我仿佛打开了新世界的大门，只想说一句："妙啊！" 　　　　　　　　01 　　　　　　我的耳朵，不会痒啦 　　在此之前，我对耳塞的核心痛点就是"它会导致耳朵痒"，换成硅胶泥耳塞之后，这个问题就迎刃而解了。 　　硅胶泥耳塞不会摩擦耳道皮肤，不会导致炎症，从源头解决问题！ 　　　　　　　　02 　　　　　　适配性强，可大可小 　　传统海绵耳塞，尺寸不合适很影响使用体验，买大了撑耳朵，买小了容易掉。虽然现在很多耳塞品牌推出了纤细款、儿童款，但也无法适配所有人。	2.中间表述核心内容 　　中间部分主要表达商品的核心卖点，中间的内容主要分为两部分。 　　（1）"硅胶泥耳塞，优质睡眠的好搭档"。 　　在这里，首先承接了开头部分中其他耳塞的缺点——戴久了耳朵容易发痒，进一步加强了目标人群对一个大小合适、戴着不发痒的耳塞的需求。 　　然后，给出解决文案——使用硅胶泥耳塞，点明核心卖点："不用塞入耳道就能隔音，大小、形状都可调。" 　　最后，分别论述4个卖点——不会让耳朵发痒、适配性强、牢固不脱落、材料性质稳定安全，并且辅以使用之前和使用之后的对比、和竞争对手的对比等方法证明卖点

续表

文案原文	框架拆解

硅胶泥耳塞可以塑形，用户可根据耳郭的大小自己选择用量，小朋友和耳道窄的成年人也可以舒服地使用。

03

牢牢的很安心，不会中途脱落

有一种痛苦叫"正睡着被吵醒，发现耳塞在任何地方，除了耳朵"，换上硅胶泥耳塞，这个问题也解决了。

一方面，耳塞大小合适，脱落的可能性大大降低；另一方面，硅胶泥耳塞的使用原理是利用负压让耳塞吸附在耳道口，所以很牢固。

04

材料性质稳定安全

硅胶泥耳塞并不是唯一的"不入耳耳塞"，蜡丸耳塞也有类似的使用方式。但它的主要成分是凡士林和石蜡，很容易出油变得黏糊糊的，不适合油耳；而且蜡丸耳塞结构较松散，使用时可能有碎屑脱落在耳道内。对比之下，硅胶泥耳塞的材料性质相对稳定安全。

此外，硅胶泥耳塞还有值得一提的优点，比如可以清洗后多次使用，性价比更高。

目前，手头这副硅胶泥耳塞我已经用了半个多月，不出意外，硅胶泥耳塞将是我在接下来很长时间内都会选择的类型。

需要耳塞的场景不只有夜晚，在公司，在高铁，在飞机上……我随时随地都能掏出一副硅胶泥耳塞。有了它，世间的纷纷扰扰都与我无关。

想试试硅胶泥耳塞？有几点要注意

看到这里，你是不是已经打算要链接或准备下单了？

作为耳塞重度依赖者，我要说句实话：硅胶泥耳塞并不完美，它的优势也可能带来一些问题。

01

透气性不佳，有些人会觉得不舒服

传统海绵耳塞与耳道之间并不是严丝合缝的，还能透气；硅胶泥耳塞彻底封住耳道口，隔音效果会更好，但几乎完全不透气，可能会出现闷堵感，出汗时也会更闷热、易出油。

使用建议：每个人的接受程度不太一样，可以先在午睡时试试，如无不适再逐渐增加使用时间。如果耳朵敏感、经常发炎，不宜长时间使用。

02

负压会带来"堵耳感"

为了让硅胶泥耳塞紧密吸附于耳道口，使用时需排出耳道口的空气，出现轻微的负压状态。非长期处于耳部负压状态不会造成器质性损伤，不用担心，但确实有些人会因此不舒服。

（2）"想试试硅胶泥耳塞？有几点要注意"。

这里主要介绍使用硅胶泥耳塞的3个注意事项。前面讲了硅胶泥耳塞的4个卖点，而这里讲的是使用硅胶泥耳塞时可能面临的3个问题，并基于对应问题，给出使用建议。

比如：透气性不佳，有些人会觉得不舒服，建议慢慢适应；负压会带来"堵耳感"，建议手动调整耳压；会变脏、老化，建议定期用酒精擦拭清洁或直接更换。

这一段内容，不仅能体现发布者的真诚，也能有效减少售后问题

续表

文案原文	框架拆解
使用建议：需要一段时间来慢慢适应这种感觉，如果出现胀痛，可以稍微掀开耳塞边沿，手动调整耳压。 03 会变脏、老化 硅胶泥耳塞有一定黏性，容易因粘到灰尘等物质而变脏；材质本身也会因为阳光直射等出现老化，使用体验会变差。 使用建议：不使用时，要将硅胶泥耳塞存放在干净、干燥的盒子中，避免阳光直射或温度过低、过高；定期用酒精进行擦拭清洁，当然，直接更换更简单（一副均价不超过10元，半月一换也不心疼）。 此外，研究所很多体验过的小伙伴还反馈，硅胶泥耳塞有一点操作门槛，刚开始不太会塑形时容易塞不牢，很影响体验和效果，熟练之后就丝滑多了。 大家在使用时记得根据商品详情页的操作介绍，多练习一下，找到最适合自己耳朵的塑形方案。 个体感受千人千面，就不推荐具体产品了，小伙伴们目前使用过的几款基本没有"踩雷"，欢迎用过的朋友在评论区分享自己觉得好用/不好用的产品	
对了，第一次使用，可以先买小盒试用装体验一下。 好啦，今天的好物分享就到这里，一副均价不超过10元的硅胶泥耳塞，值得一试！如果你身边也有睡眠敏感的朋友，记得转发告诉他。 祝大家都能拥有好睡眠	3. 结尾给出行动引导 本篇文案重点是推荐一类商品，并未着眼于单个商品的推荐，结尾给出了具体的行动引导："先买小盒试用装体验一下"，引导读者试用这一类型的耳塞，并且引导读者转发给睡眠敏感的朋友

新媒体文案人员在拆解案例时，需更多思考：为什么对方会这样写，读者看到这样的内容会有什么反应。思考得越多，在对写作者的方法技巧、对读者的关注等方面的感悟会越深刻。

↘ 三、梳理文案目标

如只考虑框架，忽略目标人群及商品或服务的特点、相对优势，文案写作如同沙上城堡，看起来美丽，却不堪一击，更无法打动目标人群，因此，文案写作人员在写作之前有必要做文案目标梳理。

例如，某海报文案："信号可以寻找，享受天伦之乐的时间却不可重来，家用路由器平均信号范围在100米以内，你此刻距父母多少米？"从这个广告文案很难看出其目标是什么，只有扫描二维码后，才会发现这是一个地铁广告位招租的海报文案。如此文案，不如直接写"此广告位招租"。如果写作之前没有梳理清楚文案目标，那么文案写作就容易天马行空，甚至言之无物。

文案的目标是沟通。有效的沟通，就是让沟通对象有改变，比如，从原来的状态改变为另一个状态。这样的沟通，需要梳理清楚对谁说、说什么，然后考虑怎么说，也就是考虑怎么搭建框架、用什么写作技巧。

　　文案的目标，简单来说就是需要让文案目标人群知道什么信息。

　　主要从这几个方面来构建文案目标大纲：写给谁看，变化结果，他们需要知道什么，他们需要感受到什么，在哪里和他们接触。

　　"写给谁看"，就是对目标人群进行简单分析，找准沟通对象，搞清楚"对谁说"。目标人群的性别、年龄、习惯偏好等都会影响文案风格。

　　"变化结果"，就是本次文案的沟通结果。例如，看完文案后，目标人群是认识品牌，还是改变对品牌的认识，或者是认同品牌，决定行动。结果越详细，后续的文案写作会越有效果。

　　"他们需要知道什么"，就是需要让目标人群知道什么信息。

　　"他们需要感受到什么"，指的是要让目标人群感受到怎样的情感，是喜欢、信任，还是恐惧等。目标人群需要知道的、感受到的信息，就是本次沟通中"说什么"的部分，也是文案的主体内容。

　　"在哪里和他们接触"，就是文案最终将在哪里跟目标人群接触，投放渠道可能会影响到广告目标和最终的广告创意。

【项目实训】长文案实战训练：撰写一篇自我介绍

　　请为自己撰写一篇自我介绍，发布在微信公众号上，或者以图文的形式发布在小红书上。该自我介绍的主要目的是方便毕业后找工作，让用人单位看到你的特点，也看到你的文案功底。

　　实战训练要求

　　（1）请登录招聘网站搜索你的目标岗位，了解该岗位的要求。

　　（2）请梳理文案目标，并在梳理时思考：你想要应聘的岗位的用人要求，你与该岗位的匹配度，用人单位关注的应聘者的特点、品质，等等。

　　（3）根据你的目标，撰写一篇自我介绍（不少于1 000字）。

　　（4）班级内分组，小组内挑选代表分享，班级内投票选出优胜者。

项目四
销售文案和品牌传播文案的写作

【学习目标】
- 了解销售文案和品牌传播文案的特点。
- 懂得如何创造合理的需求点及销售环境。
- 掌握销售文案和品牌传播文案创作框架。

【能力目标】
- 具备撰写基础销售文案的能力。
- 具备撰写品牌传播文案的能力。

【素养目标】
根据新媒体文案的要求，逐步构建用户意识，提升自己的写作水平。

4

任务一 销售文案的写作

课堂讨论

你觉得消费者从认识产品到购买产品需要几步？请在表4-1中你选择的选项后打钩。

表4-1 消费者的购买过程选项

购买过程	你选择的选项
三步：认识产品—产生情感—购买	
两步：认识产品—购买	
一步：直接购买	

有学者曾研究"电视广告怎样起作用"并提出了一种理想化的模式，该模式认为消费者对产品从认知到购买的过程由三部分组成：认知—情感—行动。该模式简称L&S模式，如图4-1所示。

图4-1 L&S模式

在认知阶段，广告的目的主要为告知信息和事实，如××牌产品有什么功效，××牌新品上市。一般此阶段的广告均比较直白地表现需要说明的广告信息。此时，消费者处于"觉察"和"知道"的过程，只要知道广告信息即可。

在情感阶段，广告的目的主要为改变消费者的态度和增进感情，如企业开展公益活动、情怀营销、互动营销等。泰国人寿保险广告《无形的爱》通过讲述一个女儿和爸爸的故事，传达出"好好照顾照顾着你的人"的品牌价值观。在此阶段，广告要让消费者认可企业所倡导的价值观，并产生情感上的"联想"和"偏爱"。

在行动阶段，广告的目的主要为激发购买欲望或指引购买行动，此时的消费者处于"确信"以及"购买"的过程。

从认知、情感到行动，这是一个理想的过程，实际上会存在很多人并没有把这三个过程走完而直接购买的情况。但对企业来说，有必要遵从这三个过程来做广告。

用于认知及情感阶段的文案，我们称为品牌传播文案；而主要作用于行动阶段的文案，我们称为销售文案，即用来促进销售的文案。如天猫、京东首页广告图文案，产品详情页里的所有文案，微信公众号推送的与产品相关的图文信息，微博上为销售吸引流量的文案，均属销售文案。

🖨 拓展阅读

搜索查看泰国人寿保险广告《无形的爱》。

↘ 一、销售文案的特点

销售文案无论长短，都具有以下特点。

1. 给出立即购买的理由

销售文案通常会给出一个能够促使人立即购买的理由，如促销活动，能够帮助目标人群解决对应问题。图4-2所示的"德芙礼盒低至5折""直降3 000元""大牌童装满额送金条"等均为促销活动形式的购买理由，"一次搞定整个卧室"则是能够帮助目标人群解决对应问题形式的购买理由。

图4-2 销售文案

通常每次只重点突出一个购买理由，如果还有更多的购买理由，可用副标题的形式表现，如图4-2中的"大牌童装满额送金条"是主要的购买理由，副标题中的"9.9元起"是次要的购买理由，这么做的好处是如果目标人群对主要购买理由不感兴趣，次要的购买理由还能从另一方面继续打动目标人群。

2. 有明确的购买引导

销售文案中，明确的购买引导包括"立即购买""点击了解更多"等有利于消费者下意识购买的内容。

一般具有以上特点的销售文案普遍出现在广告图中，主要作用为在短时间内吸引消费者注意，刺激消费者的购买冲动。

文案实战训练

某雪地靴品牌计划开展冬日回馈活动，一双雪地靴原价599元，现价199元，共1 000双鞋，活动时间为1月1日—1月3日。请为该活动做一个主题海报的销售文案，要求给出一个立即购买的理由，还要做出明确的购买引导。

二、写出能创造购买冲动的文案

销售文案需要解决消费者的两个疑问："为什么要购买""为什么要现在购买"。即销售文案应给出产品卖点，写出产品能够为消费者解决什么问题。在此基础上，通过促销活动等引导消费者立即产生购买行为。

销售文案需要创造合理的需求点和合适的销售环境，分别从理性和感性层面与消费者进行沟通。

1. 创造合理的需求点

"让生活更美好"曾被很多企业用在文案里。这个文案几乎适用于一切产品，所有的产品都是为了让生活更美好而生产的，但用在销售文案中，并不能凸显产品的特点和卖点。

纸尿裤刚推出时，商家主打的需求点是方便，但很多家长担心自己会被塑造成一个贪图方便而不顾及小孩的懒家长形象。当将纸尿裤的需求点调整为"更舒适、干爽、透气"时，纸尿裤的销售量开始大增，因为购买理由变成了让宝宝更舒适。

企业找到合理的需求点后，还需帮助消费者排除竞争对手或潜在竞争对手的产品，给消费者一个"为什么购买这个产品而不是其他同类产品"的理由。如某儿童专用滚筒洗衣机，企业选取了这样的需求点：为了不让宝贝的皮肤因为衣服没有洗干净而出现问题，你需要一款儿童专用滚筒洗衣机。然后进一步强化卖点——高温煮洗，这个卖点是普通洗衣机不具备的，能帮助消费者排除儿童专用滚筒洗衣机的竞争对手——普通洗衣机，如图4-3所示。

企业可以进一步强调使用本产品相对于手洗的优势，排除手洗儿童衣服的选择，如图4-4所示。

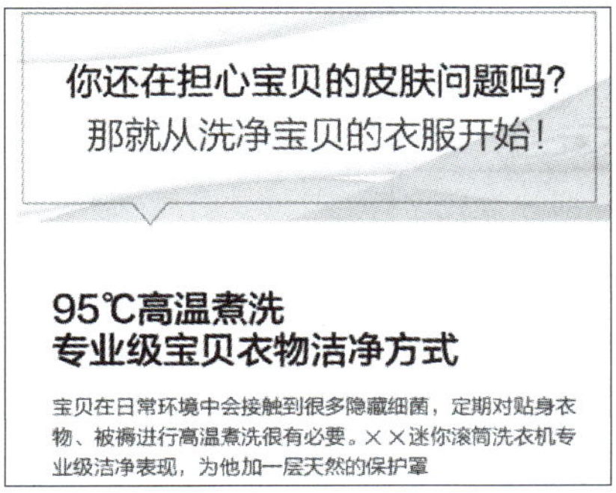

图4-3 某儿童专用滚筒洗衣机文案（1）

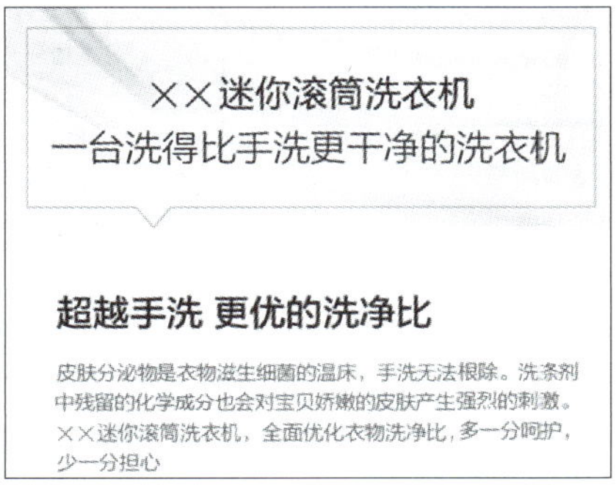

图4-4 某儿童专用滚筒洗衣机文案（2）

课堂讨论

以下哪个需求点更适合一款便携式迷你蓝牙音箱？请在表4-2中你选择的选项后打钩。

表4-2　便携式迷你蓝牙音箱需求点选项

需求点	你选择的选项
生活品质：用高品质的音箱，提升生活品质	
方便携带：将美好的音质随身"携带"	
占用空间：在小小空间里，置身于音乐会现场	
价格优势：用少量的钱，享受大量的美好	

2. 创造合适的销售环境

人会自动做出一系列调整以适应环境，销售也同样需要一个合适的环境。

实体店会根据节假日气氛来布置节奏合适的音乐从而影响人的购买行为，而新媒体平台也同样可运用文案、图片、声音、视频等创造合适的销售环境。图4-5所示为乐纯草莓味酸奶的销售文案。该文案在产品图片出现之前做了很长的铺垫，勾起人们对粉红色、少女心、草莓的喜爱和向往；再通过精致的产品图片体现酸奶纯天然的卖点，以及运用配乐营造销售氛围；最后通过"点击订购把少女心带回家"的引导文案促使消费者立即产生购买行为。

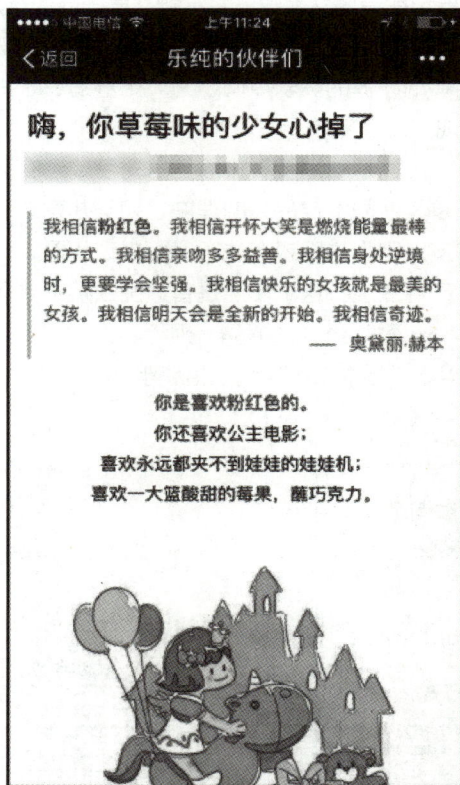

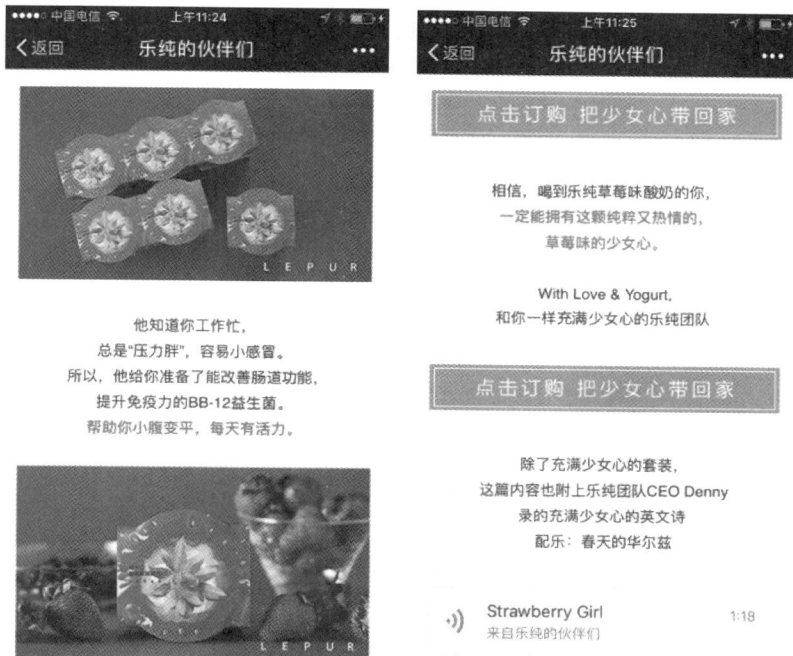

他知道你工作忙，
总是"压力胖"，容易小感冒。
所以，他给你准备了能改善肠道功能，
提升免疫力的BB-12益生菌。
帮助你小腹变平，每天有活力。

点击订购 把少女心带回家

相信，喝到乐纯草莓味酸奶的你，
一定能拥有这颗纯粹又热情的，
草莓味的少女心。

With Love & Yogurt,
和你一样充满少女心的乐纯团队

点击订购 把少女心带回家

除了充满少女心的套装，
这篇内容也附上乐纯团队CEO Denny
录的充满少女心的英文诗
配乐：春天的华尔兹

·)) Strawberry Girl   1:18
来自乐纯的伙伴们

图4-5　乐纯草莓味酸奶销售文案

　　微信公众号文怡家常菜在销售珐琅锅时，运用生活场景化的图片打造销售环境，用感性的文案说明生活的小幸福可以来自一些小物品，让人产生购买一些有质感的小物品的需求；然后用产品图体现使用者的美好感受，进一步介绍产品。文怡家常菜的珐琅锅销售文案如图4-6所示。

生活呢，走过了甜蜜的恋爱，神圣的红毯，兴奋的蜜月，那只戴着戒指的手，早早晚晚还是得伸向放着柴、米、油、盐、酱、醋、茶的橱柜。

然后你就会发现，咦，生活里的小幸福，那些由你自己亲手制造出来的小温暖、小感动、小氛围、小情绪，就像每天在往"婚姻银行"的账户里存钱一样，一天一点儿，积少成多，量变早晚有一天就成了质变。

过着过着，就从曾经为了一点儿小事儿吵架，一闹别扭就闹好几天的恋人，变成了天天吃一口锅里的饭，依然为了鸡毛蒜皮的事每天拌嘴，但不怎么真往心里去的亲人了。

曾经，我有个朋友跟大家分享过她的一个心得，一定要给家人养点儿"毛病"，一个除你之外，别人都"伺候"不了的"毛病"。往好了说，这是你给自家人一份独特的舒适感、依赖感。退一万步说，万一哪天，走着走着走散了，或许很多年后的某个时间点，别人

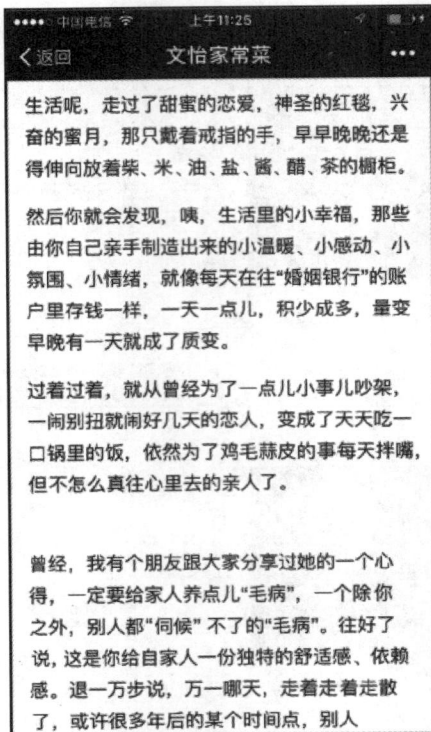

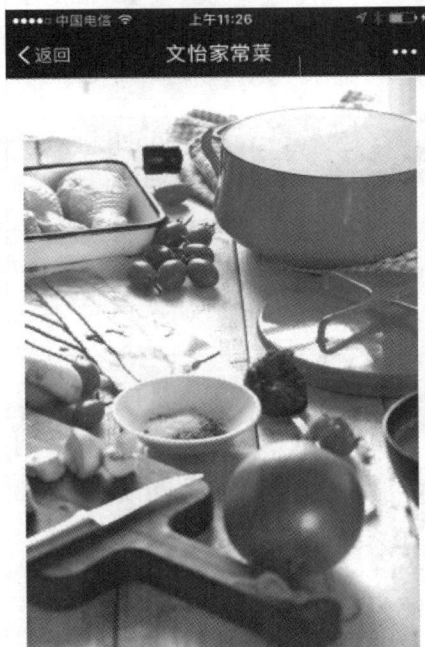

【▓▓▓▓▓▓】品牌的设计特点大家可能都比较熟悉了：漂亮，精致，有品质，实用，一锅多

图4-6　文怡家常菜的珐琅锅销售文案

三、销售文案创作框架

对图文形式、商品销售页面的商品介绍，以及其他销售长文案，除创造合理的需求点和合适的销售环境外，还需考虑目标人群的认知过程。从最初的吸引目标人群注意、目标人群产生代入感到目标人群产生信任并购买，新媒体文案人员可通过运用文案框架来实现。

销售员有销售说服框架，称为4P框架，该框架也可用于销售文案。

● 描绘（Picture）。

描绘出一幅景象，让消费者意识到自己的需求。例如，描绘没有使用商品时的痛苦场景，或者描绘使用商品后的理想场景。

● 承诺（Promise）。

承诺假如消费者购买商品，就能够解决相应的问题或者达成愿望。

● 证明（Prove）。

证明商品能帮消费者做到文案所承诺的内容，具体到是什么卖点在支撑文案中的承诺，然后依次对卖点进行论述、证明。例如，可以通过用权威、用数据、用细节、讲故事、客户自证、示范效果等方法进行证明。

● 敦促（Push）。

以诚恳的态度引导消费者做出行动。可通过标明活动时间、礼物数量等敦促消费者下单购买。

具体如何运用4P框架呢？请查看下方文案，并分别找出"描绘""承诺""证明""敦促"的部分。

气质好不好，这个细节有很大影响

每到换季时，总觉得自己没有衣服穿。

当满心欢喜地打开衣柜的时候，一脸诧异：这些皱皱巴巴的东西还是去年狠下心才舍得买的衣服吗？

无论什么材质的衣服，都难逃变皱的命运。放着不穿可惜，直接穿上身又很影响气质。

在T台上看起来很美的裙子，在皱巴巴时被穿上，把曾经被美国《人物》杂志评为全世界最美的女人，衬得像一个路人，气质全无。

妆容可以不精心描绘，但衣服一定要平整，要让别人一眼看过来，就能感受到你的气质、生活态度及精神状态。

今天就来给大家介绍一款居家好帮手，让大家花少量时间就能让衣服变整洁得体的新×佳挂烫机。

1. 20秒左右出蒸汽，超快熨帖

经常，我们早晨醒来，随便从衣柜里扯出一件衣服，也顾不得它是否整洁，穿上就准备出门。一想到要熨烫衣服，就觉得需要耗费很多时间。

其实，熨烫衣服并没有你想象中的那么难。

新×佳挂烫机最大的亮点在于采用了磁力电动水泵技术，蒸汽释放均匀稳定。它配备了1 000W的大功率发热体，能快速加热。功能展示如图4-7所示。

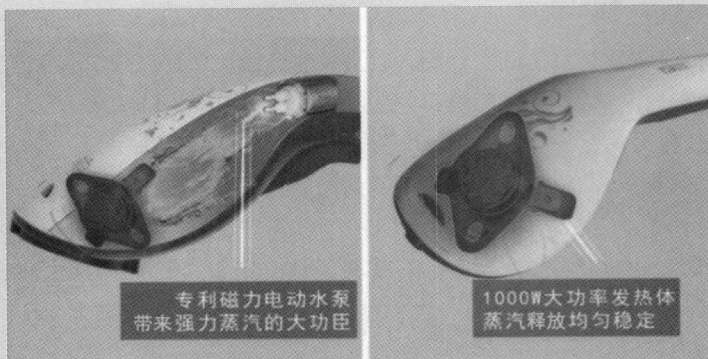

图4-7 功能展示

新×佳挂烫机只需20秒左右就能出蒸汽，蒸汽喷射距离可以达到0.5m以上，能快速让衣服变平整。蒸汽展示如图4-8所示。

图4-8 蒸汽展示

编辑部的几个同事拿回去试用了一下，给予最多的反馈就是："秒出蒸汽""大概3～4分钟就能熨好一件衣服"。技术娴熟的话，还能更快一点。熨烫展示如图4-9所示。熨前熨后对比如图4-10所示。

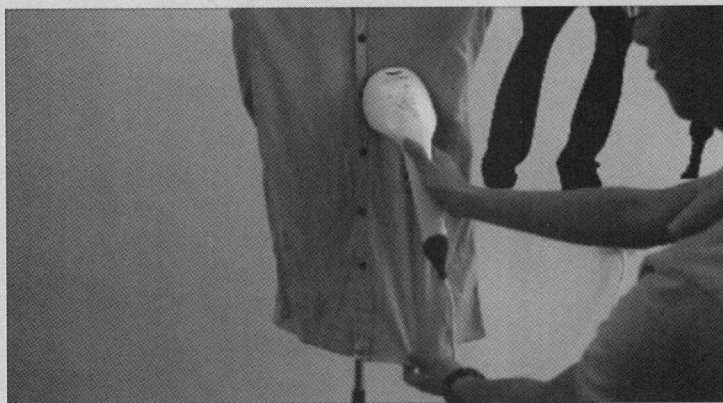

图4-9 熨烫展示

图4-10　熨前熨后对比

　　无论是什么材质都可以安全熨烫，包括棉布、尼龙、羊毛、亚麻、丝绸及毛呢等。材质展示如图4-11所示。

图4-11　材质展示

而且挂烫机与衣服接触的表面很光滑，不伤衣服。

2. 小巧便携，带去哪儿都方便

　　印象中绝大多数挂烫机要么特别长，要么特别重，十分占地方。每次用都感觉像搬家一样，用几次就闲置了。

　　但是新×佳挂烫机只有35cm长，大概就是普通成年女性小臂那么长。机身展示如图4-12所示。

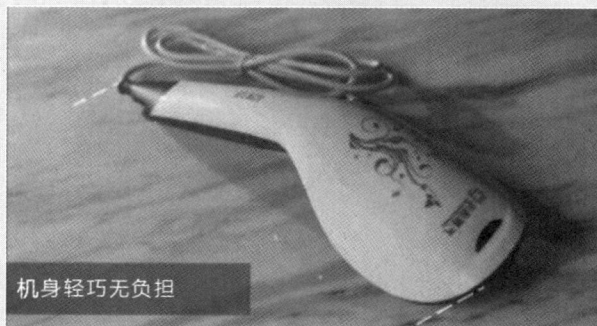

图4-12　机身展示

　　除了小巧不占地方，它还很轻，只有700g左右。

　　现在人们经常会出远门，如出差、旅行、上学等。带上新×佳挂烫机，放在包或行李箱里都很方便。挂烫机装入行李箱展示如图4-13所示。

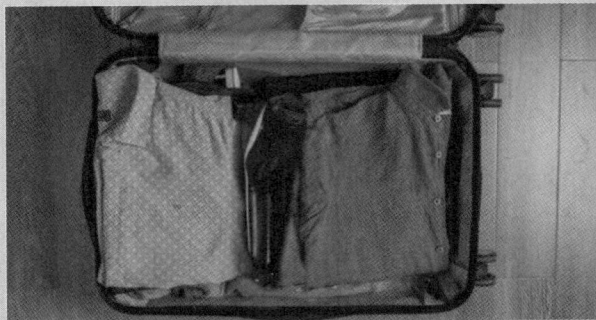

图4-13　挂烫机装入行李箱展示

　　放在家里也不占地方，随手放进抽屉里就行。背出去，也就相当于多带了一瓶矿泉水。

3. 操作简单，安全有保障

　　在启动挂烫机之前，要先灌水，这是不可避免的一步。

　　取下水箱，拔出活塞，就可以直接灌水了。灌水展示如图4-14所示。

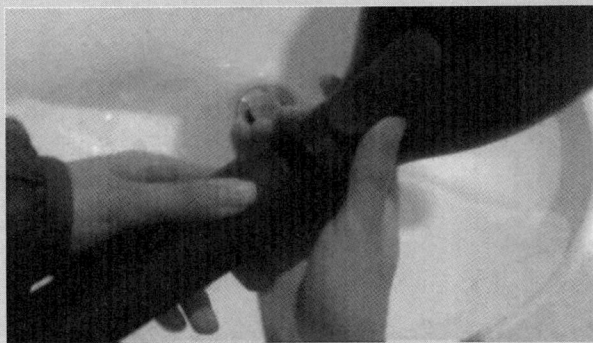

图4-14　灌水展示

　　新×佳挂烫机的水箱是可视化的，可以很直观地看到水还有多少，以及时补水。水箱展示如图4-15所示。

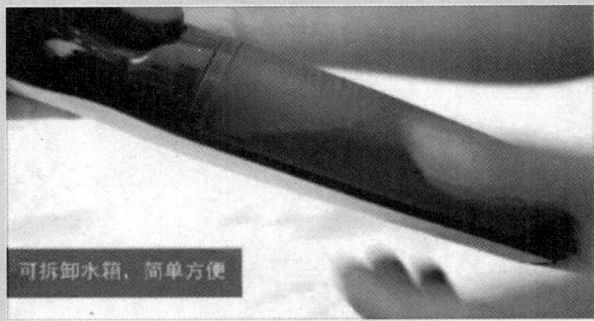

可拆卸水箱，简单方便

图4-15　水箱展示

每次可以灌60mL的水，足够熨两件衬衫了。

启动也很方便。

很多老式的挂烫机，每次停下来就关机，再启动又要等一小会儿，非常不方便。

新×佳挂烫机操作很简单，只有一个开关，重启时不需要等待，想停就停，按下开关就启动或关闭，对准衣服就能熨烫。开关展示如图4-16所示。

图4-16 开关展示

线也长，有1.8m，熨烫起来方便移动。

另外，它的安全性也较高。

它的外壳采用的是高光耐高温PP材质，不用担心被烫到，也不用担心漏电。

最重要的是，它有过温保护的功能。一旦发现水没了，它就会立马断电，不用担心水烧干而烫坏衣服，更不用担心存在火灾隐患。

4. 一机多用，性价比高

新×佳挂烫机特别配备了两个毛刷，包括长毛刷和绒毛刷。配件展示如图4-17所示。

图4-17 配件展示

长毛刷可以用来处理家里的窗帘、沙发、床单等比较厚重的布料。对于一些贵重的，如丝绸类的衣服就可以用绒毛刷来细心呵护。熨烫过程展示如图4-18所示。

只要家里备上这么一台挂烫机，无论什么布料，都能照顾到。

很多用过的客户说好用，惊叹于它的小巧及超强的熨烫能力。客户口碑展示如图4-19所示。

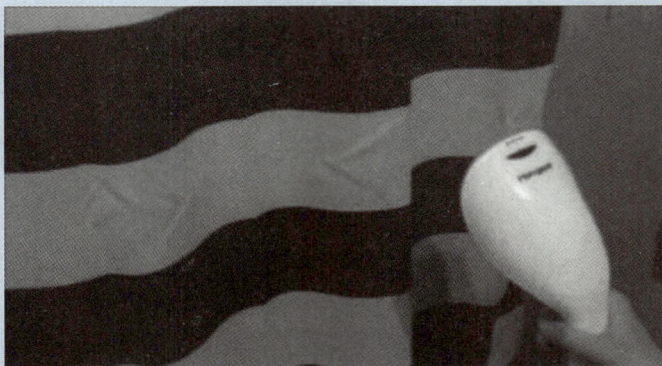

图4-18　熨烫过程展示

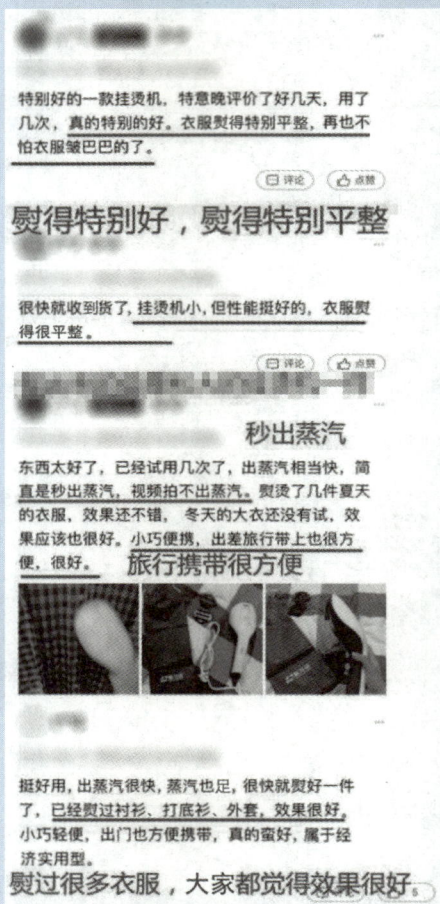

图4-19　客户口碑展示

　　除了这些，还有一个好消息要告诉大家，日常售价178元的新×佳挂烫机，这次好物馆争取到了低开团价，只要158元就能买到。

　　只需158元就能提高生活品质。销售引导如图4-20所示。

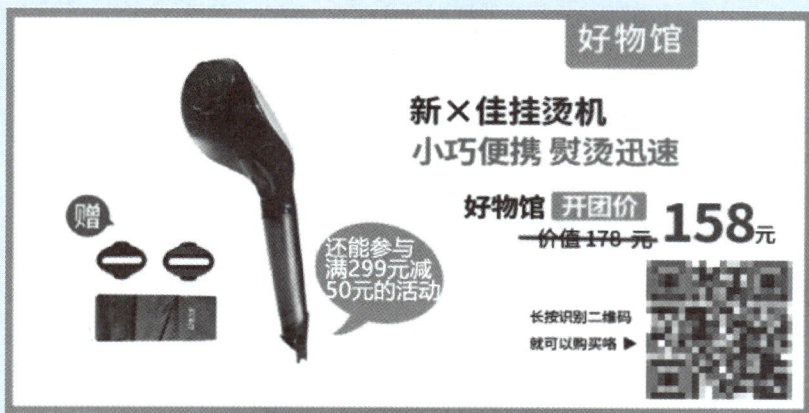

图4-20　销售引导

正值好物馆"双十一"放心选活动期间，在开团价的基础上，点击"阅读原文"去凑单，还能享受优惠：

满299元减50元；

满499元减100元。

赶紧凑单，抓住最后的优惠机会。

上述文案的整体结构就是按"描绘""承诺""证明""敦促"搭建的。

（1）描绘。开篇描绘痛苦场景，如即使是同一件衣服，如果发皱，也会影响气质，并且上升到衣服发皱会影响生活态度和精神状态。

（2）承诺。"今天就来给大家介绍一款居家好帮手，让大家花少量时间就能让衣服变整洁得体的新×佳挂烫机。"这句话就是"承诺"部分。

（3）证明。

① 卖点1。"20秒左右出蒸汽，超快熨帖"是卖点，也是内容的主要论点，接下来的内容都是为了证明这个卖点而存在的。例如，以下内容就运用了数据。

"新×佳挂烫机最大的亮点在于采用了磁力电动水泵技术，蒸汽释放均匀稳定。它配备了1 000W的大功率发热体，能快速加热。"

"新×佳挂烫机只需20秒左右就能出蒸汽，蒸汽喷射距离可以达到0.5m以上，能快速让衣服变平整。"

"编辑部的几个同事拿回去试用了一下，给予最多的反馈就是：'秒出蒸汽''大概3～4分钟就能熨好一件衣服'。技术娴熟的话，还能更快一点。"

这些都是为了证明出蒸汽速度快，为了证明熨烫的效果好，文案还运用了示范效果的方法，如一件衣服熨之前与熨之后的对比。

② 卖点2。对于"小巧便携，带去哪儿都方便"这一卖点，为了证明小巧，专门用数据进行了说明："新×佳挂烫机只有35cm长，大概就是普通成年女性小臂那么长。"重量也用数据进行了说明："除了小巧不占地方，它还很轻，只有700g左右。"为了证明方便携带，用图展示了挂烫机放在行李箱里的样子。

③ 卖点3。对于"操作简单，安全有保障"这一卖点，文案用了很多细节来具体证明。例如，

证明操作简单："取下水箱，拔出活塞，就可以直接灌水了。"用动图直接示范简单的动作，用具体的细节继续说明操作简单："只有一个开关，重启时不需要等待，想停就停，按下开关就启动或关闭，对准衣服就能熨烫。"

安全保障如"它有过温保护的功能。一旦发现水没了，它就会立马断电，不用担心水烧干而烫坏衣服，更不用担心存在火灾隐患。"

④ 卖点4。"一机多用，性价比高"在这一部分中，示范了挂烫机的用法。

（4）敦促。文案使用了客户评价来证明挂烫机的各种优点，并且帮助读者确认选择，再通过低价及满减活动的形式，来促使读者下单。

任何销售文案，都可以运用4P框架，说服读者认识并购买商品。

课堂讨论

你认为上述案例中，4个卖点的叙述顺序可以更改吗？为什么？

任务二　品牌传播文案的写作

在认知、情感、行为阶段三个阶段中，销售文案主要作用于行为阶段，而品牌传播文案主要为认知、情感阶段服务。用于告知与品牌相关的信息、加深消费者对品牌的印象及情感的文案均被称为品牌传播文案。品牌传播文案大致分为品牌介绍文案、新产品发布文案、热点借势营销文案等。

一、品牌传播文案的特点

品牌传播文案主要具备以下三个特点。

1. 有调性

"调性"一词源于音乐领域，不同的调性带给人的感觉是不同的，有些调性会给人以欢乐、轻快的感觉，而有的调性则给人以低沉、忧郁的感觉。品牌传播文案同样具有调性，而其调性是欢快、平和的还是动感、刺激的，是由品牌个性决定的。

苹果、小米、华为等不同的品牌能够给人带来不同的感觉和印象。一个品牌就像一个个性鲜明的人，消费者通过与品牌相关的文案、店铺等感受这个品牌的个性。

课堂讨论

如果把品牌看作人，你觉得苹果、小米、华为分别会用哪些关键词来介绍自己？请进行连线。

苹果	传统、真诚
小米	高端简约、具有创造性
华为	性价比高、电子"发烧友"

2. 重情感

品牌传播文案通过温和的情感，引起消费者的注意和共鸣，从而达到让消费者喜欢该品牌广告，进而对广告中的产品产生好感的目的。如黄金饰品常被用作结婚饰品，黄金饰品广告中常出现长辈和子女的故事，激发长辈对子女不舍的感情，进而推出产品。

课堂讨论

阅读某知名品牌父亲节的文案，讨论文案激发了哪些情感。

因为我已经认识了你一生

因为一辆红色的RUDGE自行车曾经使我成为街上最幸福的男孩

因为你允许我在草坪上玩蟋蟀

因为我们的房子里总是充满书香和笑声

因为你付出无数个星期六的早晨来看一个小男孩玩橄榄球

因为你坐在桌前工作，而我躺在床上睡觉的无数个夜晚

因为你从不通过谈论鸟类和蜜蜂来使我难堪

因为我知道你的皮夹中有一张褪了色的关于我获得奖学金的剪报

因为你总是让我把鞋跟擦得和鞋尖一样亮

因为你已经38次记住了我的生日，甚至比38次更多

因为我们见面时你依然拥抱我

因为你依然为妈妈买花

因为你有比实际年龄更多的白发，而我知道是谁帮助它们生长出来的

因为你是一位了不起的爷爷

因为你让我的妻子感到她是这个家庭的一员

因为我上一次请你吃饭时你还是想去麦当劳

因为在我需要时，你总会在我的身边

因为你允许我犯自己的错误，而从没有一次说"让我告诉你怎么做"

因为你依然假装只在阅读时才需要眼镜

因为我没有像我应该的那样经常说谢谢你

因为今天是父亲节

因为假如你不值得被赠送×××（品牌产品），这样的礼物还有谁值得

3. 利传播

品牌传播文案表达了消费者认可的价值观，从而促进了消费者主动分享与传播。在传播的同时，品牌不仅做到了高曝光，更增加和增进了消费者对品牌的认识和情感。图4-21所示的"凡事多长个心眼，给心里透透气""春天的职场上，只有它敢冒头""所有圆满结局，都有一个被人看扁的曾经"表达了部分年轻人的价值观，同时，也体现了商品的特点。

课堂讨论

说出一个你认为很酷的手机品牌，你认为这个手机品牌的使用人群有怎样的特点？

图4-21　品牌传播文案

↘ 二、品牌人格化让文案有调性

如果让你回忆小学同学，你能想起来的都有哪些人？一般而言能够被想起的都是有明显的个性特征的人。明显的个性特征辨识度高，更容易被记忆。

品牌个性同样如此，并且品牌个性不同也决定了文案的调性和广告形象有所不同。戴维·阿克通过对品牌个性的研究总结出七种品牌人格：坦诚、兴奋、有能力、有教养、粗犷、激情、平静。

（1）坦诚：表现为脚踏实地、诚实。

海尔的"真诚到永远"的文案就表现了坦诚的特质，并且通过一系列的文案甚至互动来体现，海尔就像消费者的一个亲近的朋友。海尔在微博上进行的家电科普帖互动就让人感受到了品牌的真诚，如图4-22所示。

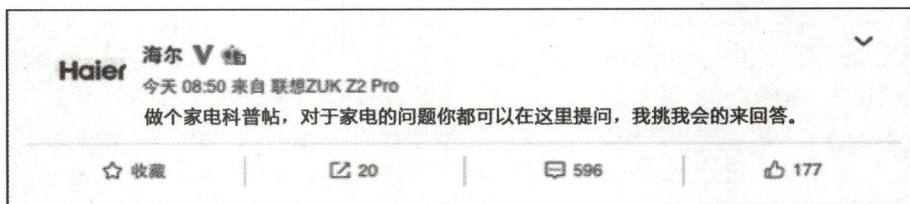

图4-22　海尔的微博截图

（2）兴奋：表现为大胆、生机勃勃、富有想象力和时尚感。

如百事可乐的"突破渴望"，表现出兴奋的品牌人格。不论用哪个形象代言人，百事可乐都在体现这样一种品牌人格，并且在广告画面中也能够体现时尚和富有想象力的特点。

🖨 拓展阅读

搜索并观看《渴望就一块》，来感受百事可乐兴奋的品牌人格。

（3）有能力：表现为可靠、聪明。

如大部分的汽车广告文案，都在塑造成功人士的形象。如"时间改变一切，你改变时间""真理证明一切，你证明真理"等一系列广告文案都表现出了具有权力和控制力的成功人士形象。

（4）有教养：表现为受过良好教育。

如阿玛尼的文案，体现了优雅、具有绅士风度的品牌形象。香奈儿的经典文案"时尚会过去，但风格永存"也在体现这一品牌人格。

（5）粗犷：表现为喜好户外和坚强。

如户外品牌骆驼的广告文案："10年努力与忍耐，终获硕果。有骆驼，带你走更远""山那边是什么？还是山。其实很无趣。不过，去过的才有资格说，单挑世界，骆驼凶猛"。运用这一品牌人格，可以让品牌给人以耐用、舒适的感觉。

🖨 拓展阅读

搜索"万宝路经典广告"，感受其粗犷的品牌人格。

（6）激情：表现为感情丰富和神秘。

激情与兴奋类似，但更为细腻感性，如路虎的广告文案，即使消费者没有看到文字，也能够从它的产品设计、广告图风格中感到其要传达的澎湃激情。

（7）平静：表现为和谐、平衡与自然。

如佰草集在品牌20周年之际，结合非遗花丝镶嵌工艺，邀请大师杜建毅设计御·五行焕肌系列顶盖。花丝镶嵌工艺源于自然材质金银、珍珠宝石，经纯手工精雕细琢，其过程需要匠人们静下心来，耐心打磨，体现出一种平静与专注。设计融合百草团花等自然元素，以极细金丝勾勒，展现出自然和谐之美，全方位彰显了"平静、和谐、自然"的品牌调性。

🖨 拓展阅读

搜索"雅马哈钢琴广告片"，感受其平静的品牌人格。

人格不同的品牌，在产品设计、广告形象、文案上均有不同表现，新媒体文案人员为品牌写文案前必须先了解品牌的人格特质。一般而言，产品实用性强的品牌（如家电）更倾向于运用坦诚、有能力、平静的品牌人格；而产品具有公共性或涉及个人形象塑造的品牌（如服饰、汽车）则更倾向于运用兴奋、激情、粗犷的品牌人格。

另外，一个品牌也可能同时具有多个品牌人格，如路虎同时具有激情、粗犷的品牌人格。

品牌的世界观、人生观、价值观会让品牌人格更生动。

个人会因为文化、年龄、性格等因素，拥有不同的看待世界、人生、价值的观点，即不同人的世界观、人生观、价值观不同。品牌也一样，品牌的三观能让消费者更为深刻地感受到品牌的人格。

广告《梦骑士》通过一群老年人的形象表现出品牌的人生观——人要为了梦想而活，文案如下。

人为什么要活着？为了思念，为了活下去，为了活更长，还是为了离开？

（人物旁白）去骑摩托车吧。

5个平均年龄为81岁的老人，一个得了重听，一个得了癌症，三个有心脏病，每一个人都有退行性关节炎。6个月的准备，环岛13天，1 139千米，从北到南，从黑夜到白天，只为了一个简单的理由：人为什么要活着？梦，不平凡的平凡大众，××银行。

文案没有华丽的辞藻，没有形容词的叠加，但表现出的人生观及人物事件，让消费者感受到××银行并非银行业常见的严肃而专业的形象，而是有追求、有激情的形象，这就是××银行的调性。

某房地产品牌的"珍视生活品质"系列广告，如图4-23所示，以平实的语言、亲切的形象表现了自己的价值观，让消费者不仅产生共鸣，更对品牌添了几分信赖和好感。

图4-23　某房地产品牌的"珍视生活品质"系列广告

最温馨的灯光，一定在你回家的路上。如果人居住环境的现代化只能换来淡漠和冰冷，那么它将一文不值，我们深信家的本质是内心的归宿，而真诚的关怀和亲近则是最好的人际交往原则。多年来，我们努力营造充满人情味的服务和社区氛围，赢得有口皆碑的赞誉，正如你之所见。

再名贵的树，也不及你记忆中的那一棵。越是现代，生命原本的美好越值得珍惜，我们深信，虽然不断粉饰翻新的名贵和虚华更容易成为时尚的标签，但令我们恒久眷恋和无限回味的一定是心中最初的那一片风景。多年来，我们珍视和努力保留每一片土地上既有的人文财富，以纯粹的审美趣味引领时代潮流，正如你之所见。

↘ 三、借助节假日气氛写情感文案

对于图4-24所示的两组海报文案，你能分别说出是企业在什么时间推出的吗？

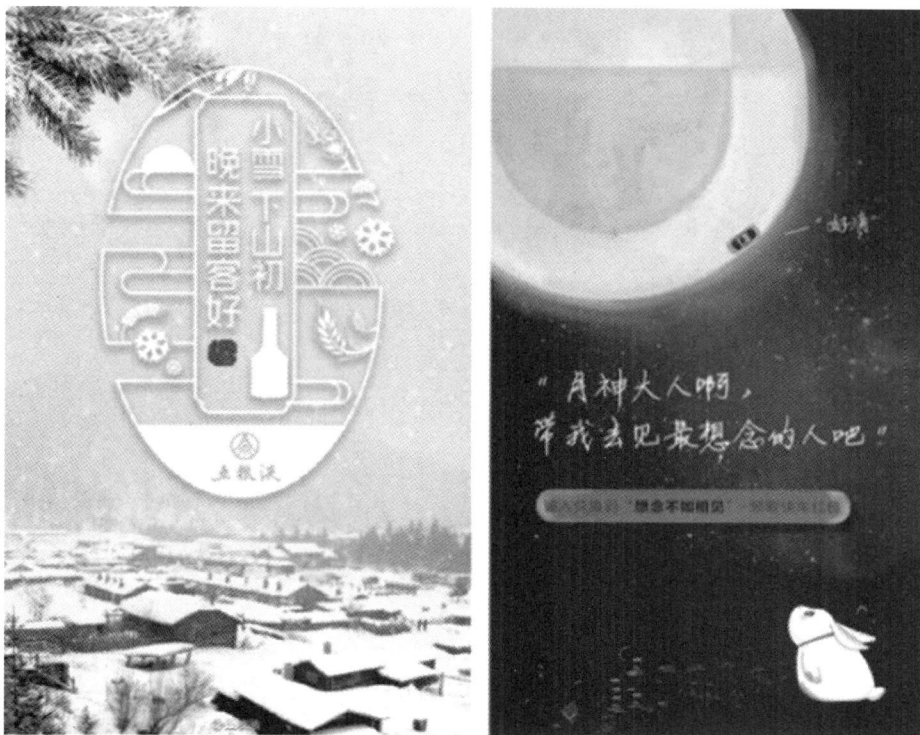

图4-24 五粮液和滴滴的节假日广告文案

每逢节假日，企业都会利用消费者的节假日心理，结合自身的品牌形象及产品，推出对应的节假日营销活动或文案，这不仅可以体现品牌内涵，加深与消费者的情感联系，还能提高品牌的曝光度。

撰写节假日营销文案，关键在于找到节假日元素及情感、目标人群的需求及情感、产品元素及情感之间的契合点，如图4-25所示。

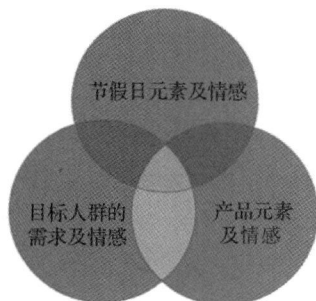

图4-25 撰写节假日营销文案的关键

● 节假日元素及情感。如春节，相关的元素有大红灯笼、窗花、鞭炮、春联、红包、喜庆的音乐、温馨的年夜饭等，而相关情感则包含回家团聚的快乐等。

● 目标人群的需求及情感。还是以春节为例，不同的目标人群，需求和情感会略有不同。如刚毕业的人对工作后第一次回家过年的期待，工作多年的人因为回家少而自责等。

● 产品元素及情感。找出产品元素及情感与节假日元素及情感目标人群的需求及情感的契合点，厘清产品扮演的角色是什么样的、文案要引起人什么样的情感共鸣。

课堂讨论

分析以下品牌的春节营销广告，找出春节的元素及产品与春节的情感联系。

（1）链家的"新的一年，让爸妈住好一点"，产品是_____，春节的元素及产品与春节的情感联系是_____。

（2）天猫的"上天猫，新年新过法"，产品是_____，春节的元素及产品与春节的情感联系是_____。

（3）华为的"总有一扇门，在等你回家"，产品是_____，春节的元素及产品与春节的情感联系是_____。

（4）vivo的"快·乐回家"，产品是_____，春节的元素及产品与春节的情感联系是_____。

一般在春节等大型节假日，企业会特别重视做情感营销，在其他的小型节假日，企业也会运用文案来做品牌曝光。正如上文提到的滴滴的中秋节营销文案，运用了中秋节的月亮和玉兔的元素，消费者的情感则是中秋团圆，与产品的契合点是"带我去见最想念的人吧"，将月亮当作马路，并在上面放上一辆车，一个"好滴"让人不禁会心一笑。

大部分重视在新媒体平台上做营销的企业，在每个节假日都会推出一套文案。新媒体文案人员需要考虑如何在诸多的节假日营销文案中做到标新立异，找到一个好的视角和创意。

课堂讨论

你觉得图4-26所示的父亲节营销文案中，哪个比较好？为什么？
可口可乐微博配文："感谢曾经强壮的后背的保护，感谢现在背后一直的支持。#父亲节快乐#"
洽洽微博配文："不只是#父亲节#，无论何时，老爸永远都是我们心里的SuperMan！"

图4-26 可口可乐和洽洽的父亲节营销文案

什么样的节假日营销文案是好文案？节假日营销文案的撰写原则主要有三个：与节假日相关、引发情感共鸣、品牌或产品的有机植入。当然，能够配合相应的互动会更好，让消费者和品牌之间互动，能够进一步加深消费者与品牌的情感联系。

- 与节假日相关。大部分节假日营销文案都能营造节假日氛围，仅仅只是"××节快乐"都能营造节假日氛围，在画面中运用相关元素即可。
- 引发情感共鸣。要想引发情感共鸣，则需要找到一个能够打动人的切入点。
- 品牌或产品的有机植入。品牌或产品的有机植入是节假日营销文案中重要的一环。在节假日营销文案中，很多品牌都会配上与节假日相关的图，然后在图中直接放上自己品牌的商标，这也是一种方式，但会显得有些生硬。另外还有两种植入方式：产品包装的植入和产品或品牌名称的植入。产品包装的植入如课堂讨论中可口可乐的父亲节营销文案，直接将具有标志性的可乐瓶作为海报主体。产品或品牌名称的植入则如脉动的父亲节营销文案，将脉动的品牌词和功能均融入文案，如图4-27所示。

图4-27　脉动父亲节营销文案

脉动微博配文："#父亲节#你是别人眼中的超级英雄，但看着每天辛苦打拼回家后的你，只想对您说声：'各位爸爸，您辛苦了！状态恢复就交给脉动！'宝宝们，说说在你的心目中，爸爸更像是哪位超级英雄。"

图4-27中的文案如下。

在外，你是应对一切的钢铁侠，回到家，状态恢复就交给脉动！

在外，你是教育"熊孩子"的美国队长，回到家，状态恢复就交给脉动！

在外，你是穿梭城市的蜘蛛侠，回到家，状态恢复就交给脉动！

可用表4-3检验节假日营销文案。

表4-3　节假日营销文案检验表

原则	是否满足原则
与节假日相关	
引发情感共鸣	
品牌或产品的有机植入	

↘ 四、热点借势营销文案让品牌被讨论

热点借势营销文案的写作方法和节假日营销文案的写作方法基本一致，需要找到热点事件的相关元素及情感、目标人群的需求及情感、产品元素及情感的契合点，如图4-28所示。

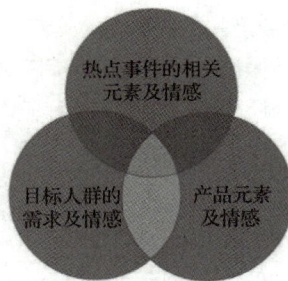

图4-28　撰写热点借势营销文案的关键

20世纪90年代末，蒙牛在刚进入市场的时候，宣称自己要"做内蒙古乳业第二品牌""为民族工业争气，向伊利学习"，利用伊利的知名度推出自己的品牌，并通过不断努力，迅速挤进行业前列，到2006年，蒙牛销售额已达162.46亿元，与伊利并驾齐驱。

营销学中有"比附效应"，指的是攀附名牌，使自己的品牌与名牌产生一定的联系，从而迅速进入消费者的心。这个方法可以让企业在短时间内被更广泛地传播，节约传播成本。在新媒体营销中，品牌不论大小，都乐于借用社会热点，让自己的品牌能够被讨论和传播。

例如，电影《星球大战：原力觉醒》上映后迎来了非常好的口碑，上映的首个周末全球票房达5.17亿美元，打破了北美影史首个周末的票房纪录。当票房、口碑各项指数都还在持续上升时，不少品牌借用这个热点，做起了自己的营销活动并发布了相关文案。

一部分品牌推出联名产品，为自己的品牌造势，如美国License 2 play公司专门推出一款黑武士（星球大战中经典反派）头盔造型的烤面包机。

对于其他无法直接与电影版权方合作，但又想参与这一热点事件的企业，就只能巧妙借用相关元素来追热点。如七喜用一个视频来表现电影中的原力。

🖨 拓展阅读

搜索大众汽车借势《星球大战：原力觉醒》的广告片，看大众汽车是如何巧妙借用热点的。

另外，不是所有的热点都要追。正面的热点大多数品牌会追，但对于有争议的甚至是负面的热点，尽可能不追，以防损害品牌形象。不论品牌形象是哪种类型，都应该保持正确的三观，不要挑战消费者的底线。

热点借势营销文案的写作原则与节假日营销文案的写作原则相似。但热点常常转瞬即逝，因此在文案的时效性上会有要求，并且往往新媒体文案人员没有太多时间准备。通常，文案只要符合与热点相关和品牌或产品的有机植入这两个原则就算合格，在此基础上还能做到引发情感共鸣的则为优秀的文案，实际工作中可用表4-4进行检验。

表4-4 热点借势营销文案检验表

原则	是否满足原则
与热点相关	
引发情感共鸣	
品牌或产品的有机植入	

↘ 五、新品发布文案的三种写作方式

推出新品是企业的一件大事，除了要召开新品发布会做推广，借用新媒体提前预热，引起目标人群的好奇心和期待非常有必要。足够好的新品发布文案，能够直接为企业节省推广成本，"引爆"新品。

一般来说，企业通过新品发布倒计时的方式来发布文案，并投放在抖音、微信公众号等新媒体渠道。新品发布文案的写作方式通常有以下三种。

1. 直白说出卖点引期待

通过不同的文案不断阐述新品的卖点，引起消费者的期待，这样做有利于重点突出新品的优势。

OPPO秋季新品发布会倒计时文案不仅突出了新品卖点，还融入了相关的情感。连续七天，运用"影·像·纪"的主题，每天对关于影像的不同记忆、不同场景进行描述，融入照相馆、数码相机、旧手机、双重曝光、自拍等元素，在情感上引起消费者的共鸣，并且表现出新品在影像方面的优势。OPPO秋季新品发布会倒计时文案如下。

从前，有个地方叫照相馆，
记忆中定格的笑容，现在藏在哪里？
距离OPPO秋季新品发布会还有7天！

带上2 000元的数码相机说走就走，
海阔天空的青春里，你去了哪些地方？
距离OPPO秋季新品发布会还有6天！

130万像素的旧手机早已不知所终，
那些老照片，
是不是也已埋没在时间的角落里？
距离OPPO秋季新品发布会还有5天！

去了第二个城市，同时用两部手机，
生活和工作纠结成双重曝光的照片。
距离OPPO秋季新品发布会还有4天！

那时总流行45°仰望天空，
不是爱自拍，只是偶尔想当回主角。

距离OPPO秋季新品发布会还有3天！

越来越快的生活总在不断刷新，
朋友圈的那个你，
是否活成小时候想要的样子？
距离OPPO秋季新品发布会还有2天！

明天是手机取景器里锁定的焦点，
你是舞台的主角，
更进一步，准备好了吗？
距离OPPO秋季新品发布会还有1天！

直接说出卖点，引起期待的好处是能营造新品发布的气氛，并且告知消费者新品发布的目的，但如果文案和消费者联系不紧密，传播效果会受影响。

魅族新品发布文案如图4-29所示，直接在倒计时数字上做文章，将对应的数字与品牌联系起来，与此同时告知消费者新品发布会即将到来。这一系列文案从数字的展现上来看很巧妙，并且对魅族的相关历史进行了说明，如"第5款产品""第3次发布会"。新品发布文案的主要目的是告知，虽然这一系列文案已经达到了这个目的，但内容与消费者并没有太大的关联，很难引起广泛传播。

图4-29　魅族新品发布文案

魅族新品发布文案如下。
魅族MX系列第5款产品
即将为你呈现4个世界××
第3次发布会，还有更多想对你说
时隔2月，同一地点，不同震撼
魅族唯1年度旗舰亟待绽放！

2. 设置悬疑引好奇

在新品发布文案中可不直白地说明新品的卖点，而是让消费者自己去猜测，引起消费者的好奇心和期待。

小米新品发布文案如图4-30所示，让人在看到时会不自觉地补上一个字，而这个字就是小米新品的卖点。该文案设计得非常巧妙，和消费者之间形成了互动，让消费者想到小米新品的卖点。

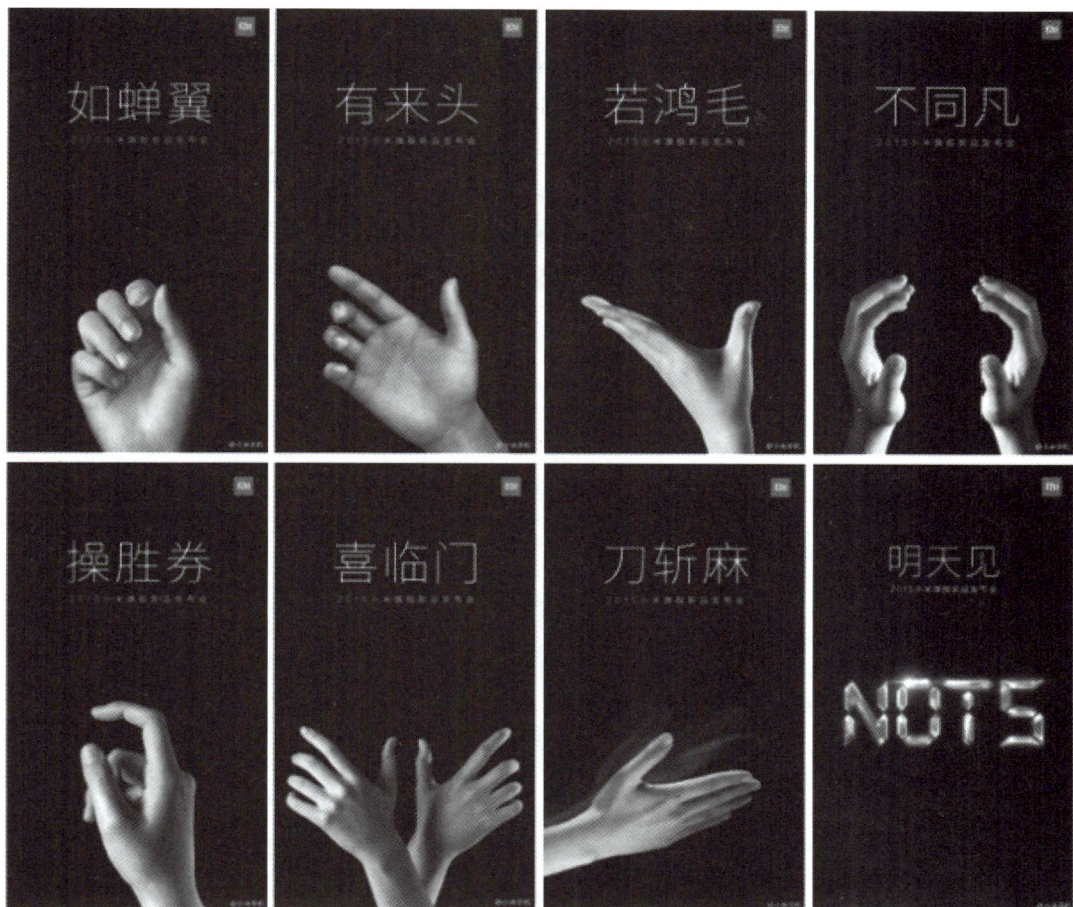

图4-30 小米新品发布文案

小米新品发布文案如下。

（薄）如蝉翼

（大）有来头

（轻）若鸿毛

不同凡（响）

（稳）操胜券

（双）喜临门

（快）刀斩麻

明天见

课堂讨论

你觉得小米手机的新品发布文案适用于其他手机品牌吗？为什么？

3. 与竞争对手对比

新品发布文案可通过与竞争对手对比，彰显新品的卖点，引起目标人群的关注。

与竞争对手对比的好处是消费者可以明确地感受到新品的卖点，并且还可以借竞争对手的优势为自己加分。魅族手机新品发布文案如图4-31所示，以一个学习者的姿态，将诺基亚、索尼、苹果、小米的不同优势一一道出，并且暗示自己不仅在学习以上品牌的优点，还在试图对它们进行挑战。

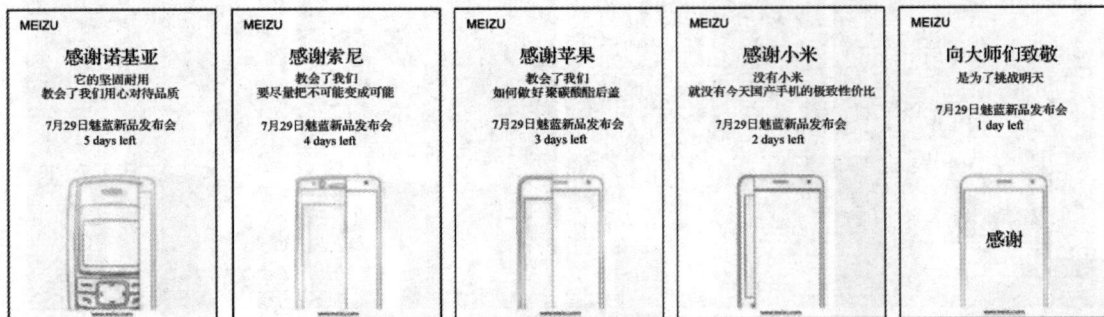

图4-31　魅族手机新品发布文案

魅族手机新品发布文案如下。

感谢诺基亚
它的坚固耐用
教会了我们用心对待品质
7月29日魅蓝新品发布会5 days left

感谢索尼
教会了我们
要尽量把不可能变成可能
7月29日魅蓝新品发布会 4 days left

感谢苹果
教会了我们
如何做好聚碳酸酯后盖
7月29日魅蓝新品发布会 3 days left

感谢小米
没有小米
就没有今天国产手机的极致性价比
7月29日魅蓝新品发布会 2 days left

向大师们致敬
是为了挑战明天
7月29日魅蓝新品发布会 1 day left

课堂讨论

你觉得苹果手机适合用"与竞争对手对比"的方式来写新品发布文案吗？为什么？

文案实战训练

如果你是一名新媒体文案人员，请为小米的新款手机写一组倒计时三天的新品发布文案，要求：突出"快"的卖点。

六、品牌传播文案创作框架

生活中常有人说："做不了诗人，就做文案。"

文案和诗之间，有一定的共通性，如讲究押韵、对仗、文字的节奏感等，虽然新媒体对文案语言的要求是直白、通俗易懂，但诗的优势仍然值得借鉴，尤其是创作品牌传播文案。品牌传播文案的创作框架如图4-32所示。

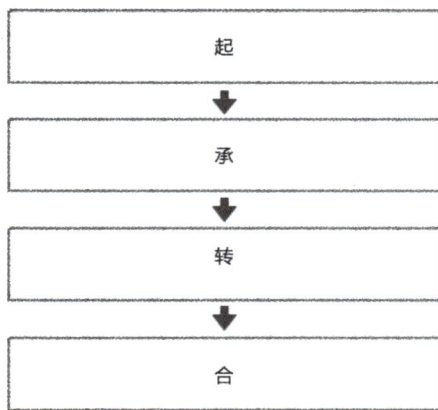

图4-32 品牌传播文案创作框架

起，即开头，开头的主要作用为引出话题，奠定整个文案的基调，或者提供相关背景；承，即承上启下，让上下文保持连贯；转，即转折，从一个事物转到另一个事物，或者从场景转到人，文案中的"转"往往是指转向主题；合，即总结，往往需要突出主题并升华。

古诗基本遵循这个原则，如李白的《静夜思》。

（起）床前明月光，

（承）疑是地上霜。

（转）举头望明月，

（合）低头思故乡。

四句诗，每句都在搭建及丰富整首诗的场景和情感。"床前明月光"开启了整首诗，也塑造了一个静谧夜晚的场景；"疑是地上霜"承上启下，连接了床前的月光和接下来的"举头望明月"；

"举头望明月"的主要作用就是转向本诗的主题——思乡，是整首诗的转折点；"低头思故乡"则总结升华了整首诗的意义。

品牌传播文案也常如此，如QQ浏览器的品牌传播主题："我要的，现在就要"。QQ浏览器围绕不同代言人的风格，推出不同的文案，但均围绕着"我要的，现在就要"这一主题进行延伸。

例如：

（起）我从不确定前方是什么样的路，

（承）因为我更确定路是走出来的，

（转）成就梦想，必与时间为伍，让身体和思想同步。

（合）我要的，现在就要。

在大部分品牌传播文案中，能找到"起—承—转—合"的框架。这种结构，类似于作文中的"分—总"结构，文案当然也可运用"总—分""总—分—总"等结构，但当文案侧重于表现情感、情怀时，一般会选用"起—承—转—合"的创作框架，这种框架有利于塑造场景、表现情感。而当文案侧重于理性叙事，如介绍品牌、介绍产品的时候，则运用"总—分"或"总—分—总"的创作框架会更好，这种框架能让人直接看到关键词汇。

如别克君越的"不喧哗，自有声"主题文案。

（起）这个时代，

每个人都在大声说话，

每个人都在争分夺秒。

（承）我们用最快的速度"站上高度"。

但是也在瞬间失去态度。

（转）当喇叭声遮盖了引擎声，

我们早已忘记，

谦谦之道才是君子之道。

你问我这个时代需要什么，

在别人喧嚣的时候安静，

在众人安静的时候发声。

（合）不喧哗，自有声。

别克君越，新君子之道。

📁 文案实战训练

搜索别克君越的"不喧哗，自有声"主题微电影广告，找到每份文案的"起""承""转""合"，并标出来。

【项目实训】销售文案和品牌传播文案实战训练

↘ 一、淳风派面包销售文案写作

　　淳风派是一个零食品牌，现对整体品牌形象做了全面升级，其商品系列包装也需同步升级，因此，需要重新设计包装上的一句话销售文案。表4-5为淳风派面包系列商品信息，请依次给对应商品写一句话销售文案。本项目实训相关资料可在人邮教育社区（www.ryjiaoyu.com）《新媒体文案创作与传播（AIGC版 微课版 第3版）》配套资源中查看。

实战训练要求

　　（1）能够凸显商品卖点，体现出对应商品与同类商品的差别。

　　（2）能够吸引消费者，让其产生购买欲望。

　　（3）能够体现出年轻、有亲和力、有活力的品牌风格。

实战训练步骤

　　（1）分组查看叶小鱼营销工作室与厂家的线上商品卖点沟通会议信息。

　　（2）根据商品信息及会议沟通要点，对商品卖点进行提炼。

　　（3）为对应商品撰写一句话销售文案，建议不超过30字。

　　（4）小组讨论，挑选出最合适的一句话销售文案。

　　（5）查看叶小鱼营销工作室最终出品文案，进行对照讨论。

表4-5 淳风派面包系列商品信息

基本信息	产品名称	淳风派三明治面包（草莓沙拉味）	淳风派三明治面包（肉松沙拉味）	淳风派三明治面包（芝士乳酸菌味）	淳风派全麦吐司	淳风派南瓜吐司	淳风派爆浆牛角面包（巧克力味）
	产品图片						
	克重	90g	90g	90g	120g	120g	75g
	零售价/元	4.5	4.5	4.5	6	6	4.5
原料		1. 优选进口小麦，精心研磨，口感细腻松软 2. 选用48小时农场鲜鸡蛋，提供新鲜原料保证 3. 精选草莓馅（草莓含量≥25%）	1. 优选进口小麦，精心研磨，口感细腻松软 2. 选用48小时农场鲜鸡蛋，提供新鲜原料保证 3. 精选肉松，肉松与其他馅料结合，口感细腻	1. 优选进口小麦，精心研磨，口感细腻松软 2. 选用48小时农场鲜鸡蛋，提供新鲜原料保证 3. 精选风味芝士酱，口感细腻润滑	1. 优选进口小麦，精心研磨，口感细腻松软 2. 选用48小时农场鲜鸡蛋，提供新鲜原料保证 3. 添加全麦粉，含量≥5%，麦香浓郁	1. 优选进口小麦，精心研磨，口感细腻松软 2. 选用48小时农场鲜鸡蛋，提供新鲜原料保证 3. 精选蜜本南瓜，清香可口	1. 优选进口小麦，精心研磨，口感细腻松软 2. 选用48小时农场鲜鸡蛋，提供新鲜原料保证 3. 精选新西兰奶粉，奶香醇厚
产品卖点		1. 三层面包片两层夹酱，酱含量≥23% 2. 18层包酥，松软可口	1. 三层面包片两层夹酱，酱含量≥23% 2. 18层包酥，松软可口	1. 三层面包片两层夹酱，酱含量≥23% 2. 18层包酥，松软可口	1. 添加全麦粉，含量>5%，麦香浓郁 2. 18层包酥，松软可口	1. 南瓜含量>23% 2. 18层包酥，松软可口	1. 一口爆浆，酱含量≥15% 2. 36层包酥，有层次

↘ 二、凡小妹妇女节及植树节品牌传播文案写作

　　品牌方会在各种节假日开展对应的营销活动、发出海报文案，以契合节假日的氛围，突出品牌价值。本次需要为凡小妹品牌撰写妇女节和植树节对应的系列海报文案，并发布在小红书、微信公众号等渠道。本项目实训相关资料可在人邮教育社区（www.ryjiaoyu.com）《新媒体文案创作与传播（AIGC版 微课版 第3版）》配套资源中查看。

　　实战训练要求

　　（1）符合对应节假日的特点。

　　（2）能够体现品牌的风格。

　　（3）能够让目标人群产生共鸣。

　　实战训练步骤

　　（1）本次实战由老师提供品牌资料，以及过往该品牌的相关海报文案，让学生熟悉品牌的风格。

　　（2）全班分成若干小组，选择认领以下两个任务中的任意一个任务。

　　任务A：写妇女节主题系列海报文案。

　　任务B：写植树节主题系列海报文案。

　　（3）通过网络搜索各大品牌的妇女节、植树节海报文案，总结分析它们的特点，开拓思路，并写出自己的海报文案。

　　（4）小组内讨论评比。

　　（5）组间互评。

　　（6）对照叶小鱼营销工作室最终出品的凡小妹妇女节文案及植树节文案，进行组内讨论。

项目五
新媒体文案的传播

【学习目标】

● 了解新媒体环境下传播渠道的变化。

● 了解传播性文案的特点。

● 了解关键人物和环境对传播的影响。

【能力目标】

● 能够判断广告文案是否具有广泛传播潜质。

● 能够判断什么是好的传播性文案。

● 能够根据品牌的不同运用场景、渠道考虑对应传播要素。

● 具备在传播效果不佳时，迅速分析问题根源，并制定优化方案的能力。

【素养目标】

树立正确的传播伦理意识，理解传播过程中的道德责任与规范。

任务一 传播渠道的变化与传播性文案的特点

恒源祥自1991年就用"羊，羊，羊"开启了中国广告界三遍连播的"创意先河"，2008年春节期间，恒源祥投放了一则广告，广告中十二生肖依次重复"恒源祥，北京奥运会赞助商"，这引来一片恶评，虽然如此，但当大众到商场购买羊毛衫时，面对那么多品牌不知道如何选择时，他们比较熟悉的仍然是恒源祥。

这样的广告不仅在我国有，国外同样有很多，如20世纪60年代宝洁公司投放了阿炮先生系列广告，广告中阿炮先生不断地重复"别挤着Charmin！"，当问及消费者最讨厌的广告形象是什么时，他们会说"阿炮先生"，但是Charmin卫生纸当时直接把舒洁从销售量第一的位置上挤了下来。

20世纪80年代奥美广告公司创意主任诺曼·贝这样评论类似的广告："我对那些只凭销售效果来评论广告好坏的人们感到震惊。当然，广告必须起到促销作用。如果一个广告起不到促销作用，无论从哪个角度来讲，这个广告都不是好广告，但是只强调促销是不够的。如果促销是以低品位广告或文化垃圾实现的，促销作用再好也不值得提倡。冒犯他人、枯燥无味、粗糙无礼、'傻气四射'的广告不但对广告业不利，对整个商界也不利，这也是公众对广告的印象越来越差的原因。"

为什么之前靠简单地重复进行传播行之有效，能够直接带来极大的销售量？这不得不归结于传统传播渠道的优势。而在新媒体环境下，类似的做法已经很难带来销售量了，因为媒体环境已经发生了翻天覆地的变化。

一、传播渠道的变化

大众传播的基本职能是传播信息，进而发挥环境监测与社会守望的作用，但在传媒发挥基本职能时，随着人们对其传播规律的研究和传播功能的开发，人们不断对大众传播附加各种功能，比较典型的有"意识形态劝服""商业劝服""新闻寻租"（指新闻被当作一种商业手段租出去，商家可通过新闻来打广告）。大众传播被附加的"意识形态劝服"功能普遍存在于世界范围内。

《新闻记者》曾经通过两幅图来说明传播渠道的变化，如图5-1所示。传统的传播渠道中，"人"作为受众，处于被动接受的状态，大众传播承担两个主要的职能：政治宣传功能和商业宣传功能。

政治宣传功能主要用于政府的宣传，有此功能的机构如中央广播电视总台、人民日报社等；然后在这个基础上，附加了商业宣传的功能，如商业广告，承担了很大一部分的商业劝服工作，这两个内容是捆绑着传播给受众的，受众几乎没有选择的权利。

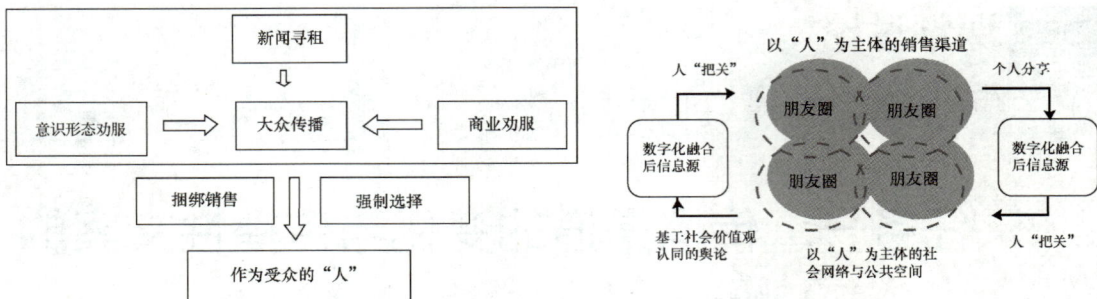

图5-1 传播渠道的变化

随着社交媒体的兴起，人们获得了更多的话语权。从之前的博客、人人网、开心网到现在的微博、微信、抖音，大部分新媒体具备自媒体的双重属性。人们既能在其上发表信息，又能充分讨论信息。在传播形式上，传播者和受众的关系趋于平等，现在"人"在"强关系"中发挥着重要的作用，意见交换开始更多地发生在具有相同或相似价值观的朋友、同学、共同兴趣爱好者等群体身上。传播模式发生了变化，这对传统媒体产生了颠覆性影响，人们开始内容"自生产""自传播""自消费"，形成信息传播生成系统，甚至引导了传统媒体的选题，如很多传统媒体的记者开始在微博、微信、抖音等新媒体中寻找新闻线索。

传播渠道和环境的极大变化，决定了一个广告的传播不能仅仅靠"播"，还要靠人"传"。一个好广告，更容易被受众主动传播。

营销专家斯科特在《新规则：用社会化媒体做营销和公关》中指出："在互联网出现以前，公司只有两种吸引人们注意的方法——花大价钱做广告或借助第三方在媒体上做宣传，但互联网的出现改变了这条规则。真正懂得新的营销和公关规则的公司会直接与你我这样的客户建立关系。"因为新媒体的出现，"人"在传播中变得更加重要了，如今人是在主动地"传"，而不是被动地"播"。

↘ 二、传播性文案的特点

一方面传播渠道从以"播"为主转变为以"传"为主，另一方面受众的时间碎片化、注意力不集中，这对新媒体文案人员的文案创意提出了更高的要求。

另外，我们发现，即使不是从事与新媒体文案相关的工作，传播能力也正在变成工作的基本技能，对很多岗位而言，重要的岗位要求是具备口头传播能力，包括讲话能力和写作能力。

为什么传播这么重要？传播学科的创始人威尔伯·施拉姆曾经说过："传播没有只属于它自己的土地，传播是基本的社会过程。"要了解人为什么要去主动传播，需要先了解传播的基本功能——满足社会需求、发展和探索自我、交流信息、影响别人。

新媒体文案则在此基础上做进一步探索：在新媒体环境下，什么样的文案更容易被受众主动传播？什么样的文案才能引起大范围的传播？大量广泛传播的文案有三个特点：符号化、社交货币、附着力。

1. 符号化：让文案自带传播属性

符号化，即借用语言符号、视觉符号、味觉符号等，让受众更好地记忆。符号化让品牌或商品天生具有被传播的"基因"，更适合被口耳相传，包含品牌名字、广告语、标志设计、商品包装设计，甚至商品服务体验等。

2. 社交货币：让文案被受众主动传播

人们有很强烈的意愿主动与他人分享自己的相关信息、相关商品的口碑等，被他们分享的内容都属于社交货币。人们主要利用社交货币树立自己的形象，具有社交货币特点的文案则更容易被受众主动分享传播。

3. 附着力：让文案被更好地记住并产生持久影响

附着力，就像胶水，可以将信息粘贴到受众的脑海里。它可以让人看懂创意与观点，能让文案被人记住，并形成持久的影响。

另外，文案具有以上特点后，要使传播效果发挥到最大，新媒体文案人员还需关注传播中的关键人物及环境的影响。

任务二　符号化

课堂讨论

请看图5-2中的商品，不看品牌标志，你是否能够猜出它们对应的品牌？

图5-2　商品及符号

一定有很多人一眼就看出了图5-2中的商品对应的品牌，它们分别是可口可乐和宝马。为什么会猜中呢？很显然，这是因为它们都有品牌特有的超级符号。

可口可乐的瓶子是大家都熟悉的，大家一看到这个瓶子就知道：这是可口可乐。这个瓶子被设计出来就成了可口可乐的超级符号，可口可乐利用自己的瓶子开展了很多营销活动，从而加深消费者对这个符号的认知，如可口可乐弧形瓶艺术设计大赛、瓶子涂鸦大赛等。

宝马汽车前面像鼻孔一样的外观设计被固化下来，几乎每一辆宝马汽车上有两个"大鼻孔"，这两个"大鼻孔"成了宝马的超级符号。

一个经过时间洗礼的品牌，经过长时间的积累和宣传可以创造出自己的超级符号，但是对一个新品牌来说，又该如何创造超级符号呢？

↘ 一、符号的来源与功能

课堂讨论

一说起"医院"，你会联想到什么？你觉得被联想到的事物是不是医院的符号？

《不列颠百科全书》这么解释"宣传"："宣传是一种借助于符号（文字、手势、旗帜、纪念碑、音乐、服饰、徽章、发型、邮票等），以求控制他人信仰、态度或行为的系统活动。"

国家的符号系统包含文字、手势、旗帜、纪念碑、音乐、服饰、徽章、发型、邮票等，国家通过这些符号来实现相关控制。从本质上说品牌使用符号和国家使用符号是一样的，品牌使用符号就是为了让受众能够在恰当的时候想起它们，并且行动起来，同时能够转告自己的朋友。

那么，符号到底是什么？符号是人们共同约定的用来指代一定对象、意义的标志物，这里所说的符号指一切具有携带意义的视觉符号、听觉符号、触觉符号、味觉符号和嗅觉符号。

视觉符号。视觉符号即用眼睛看到的符号，如实木的符号是木纹，在用合成板做成的桌子上画上木纹，会让桌子更容易被受众接受，因为大家认可这个符号。

听觉符号。听觉符号是以声音为载体传递信息的符号系统，包括语音、音乐及其他声音效果。奥运会的主题曲等是听觉符号。

触觉符号。触觉符号是指通过触觉感知得到的符号，可以是物理对象的形状、材质等信息，也可以是语言或图形符号表达的信息。触觉即摸起来的感受，不同的物品有不同的质感，如毛绒玩具摸起来柔软、玻璃杯摸起来冰凉。

味觉符号。味觉符号是指通过味觉感知来识别和记忆的品牌或产品特征。如部分消费者吃过"老干妈"辣酱，再吃其他的辣酱觉得差了点味儿，这个味道就是专属于"老干妈"的味觉符号。

嗅觉符号。嗅觉符号是指通过气味来传递信息的品牌元素。如每个亚朵酒店的大堂都弥漫着同一个味道，于是之后再闻到这样的味道如部分消费者会立即想起亚朵酒店；或者是某个女生只用同一款香水，于是这个香水味道会成为这个女生的嗅觉符号。

介绍一个人的时候，通常就用专属于这个人的符号来描述。"迎面走过来一个姑娘，一头长长的卷发，穿着一条过膝的白色长裙，手里拿着一个链条包，穿着一双细高跟鞋。她'叮叮叮'地从我身边经过时，一股淡淡的玫瑰香随着风扑了过来，她的头发也随风拂过我的脸，卷曲的头发，跳跃着拂过我的皮肤，像个俏皮的孩子……"

这里面包含的各种符号——发型、裙子、包、鞋子等，都在描述这是一个什么样的姑娘。鞋子发出的"叮叮叮"的声音是听觉符号，玫瑰香是嗅觉符号，这些符号都让这个姑娘的形象更立体。

符号可以浓缩很多信息，可以成为某个人、某个品牌的代称，总体来说，符号有指称识别、浓缩信息、行动指令三个功能。

● 指称识别。指称识别指用一个符号指代物品或意义。"沙发""椅子""方凳"不仅指代的是可见、可摸、可坐的客观事物，而且能使人们有效区分，从而可以避免混淆。

● 浓缩信息。浓缩信息指一个符号包含了很多信息，如你把食指竖起来凑近嘴巴，再配合一声"嘘"则是"请你安静"的意思。

● 行动指令。行动指令即告知人们应该如何行动，如男女厕所的标志告知人们应该去哪里上厕所，电梯的开关门标志告知人们按哪个按钮是开、哪个按钮是关。

符号对品牌的意义是，品牌可通过一个符号浓缩品牌的价值信息，影响消费者的看法，引导消费者的行为：购买商品，并将商品推荐给亲朋好友。

从传播的角度来看，运用符号能降低品牌的传播成本，让品牌更容易被记住、被喜欢，并且更容易被传播出去。符号学主要的创始人皮尔斯，根据符号与对象的关系，将符号分为以下三种。

● 肖似符号。肖似符号即"一个符号代替另一个东西，因为与之相似"，这个符号和要指代的对象长得很像，可以让人一眼就理解符号所指代的意思。例如象形文字，如图5-3所示。

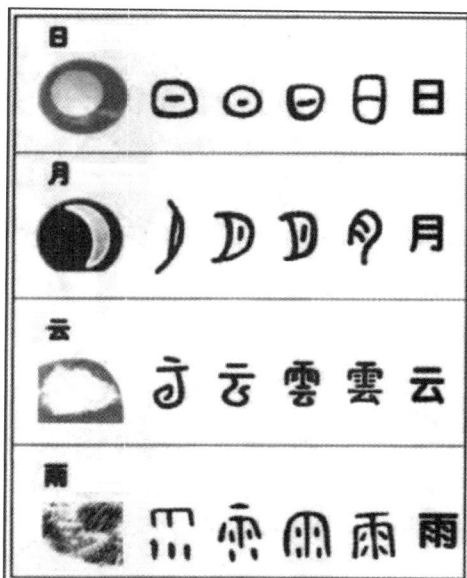

图5-3　象形文字

● 指示符号。符号具有指示性，是指符号与对象因为某种关系——尤其是因果、邻接、部分与整体等关系——能互相提示，让受众看到符号能够想到对应对象。指示符号的作用是把受众的注意力引到对象上。例如，温度计的指数指示着气温的变化，是气温的符号；面色发红、咳嗽等症状很有可能是感冒的信号（符号）。

● 规约符号。靠社会约定、习惯而使用的符号，被称为规约符号。例如，交通运输方面用红色和黄色代表警示之意，数学当中的"＋""－""×""÷""＝"等符号。

从符号的功能及符号的分类来看，可以发现符号与其指代对象越相像或越接近，对象就越易于识别，符号越抽象，识别就越难。

这就给了我们一个启示：品牌符号要让人一看就懂，避免过多解释。那么，应该如何做到让受众一看到品牌符号就知道品牌是做什么的呢？这就涉及品牌的命名、品牌标志的设计、品牌的广告语、商品包装设计等。这里有四个方法。

● 一看就懂：运用已知符号。

● 脱口而出：品牌话语口语化且有号召力。

● 非凡内涵：品牌价值融入。

● 常被提起：品牌联想场景化诱因。

这四个方法有时单独运用，有时相互结合，结合点越多，品牌越容易成功。

↘ 二、一看就懂：运用已知符号

人为什么喜欢看到已知的符号呢？

从进化心理学的角度来说，人出于生存本能，对陌生的事物会心存恐惧，如某人闯进了原始部落，他可能需要经过隔离，熟悉后才能加入部落。这也是人出于生存本能的考虑，因为已知的事物对人们来说，就意味着安全。

运用已知的符号能够将已知符号所携带的相关文化价值绑定到品牌上，不仅有利于品牌传播，更会让受众有熟悉感。受众看到或听到品牌符号就知道品牌是做什么的，如一看到相关符号就知道品牌名称，感受到品牌的风格，以及知道这个品牌是什么行业的。

那么，已知符号有哪些呢？哪些符号让人一看就懂？以下将从品牌命名、品牌形象方面分别论述。

1. 品牌命名

品牌命名方法主要有具象化事物、人格化形象、符合行业特性的通用词汇，将以上几种方法结合运用同样也能够形成已知符号。

（1）具象化事物。日常生活中一些形象具体的事物，能够引起受众的联想，如苹果、锤子、小米、天猫、蘑菇、小天鹅、飞鸽、大白兔等。其中"锤子"不仅能让人一听就懂是什么，也能让人感受到这个品牌所倡导的工匠精神，锤子是工匠常用的工具，也是工匠的一个代表性符号。在形象设计上，直接用锤子这一形象能够让品牌名称和形象一起组成一个超级符号。

运用具象化事物方法命名，不仅可以在品牌形象上进行更好的延伸，还能够传达出品牌的价值信息和风格。如将大白兔作为品牌符号，不仅能够让人联想到大白兔这样一个活泼的形象，也能够立即让受众感知到品牌活泼可爱的调性。

课堂讨论

请用具象化事物的方法给一个专门做床上用品的公司取一个名字。

（2）人格化形象。运用人格化形象的方法来命名，能让品牌名称更易被记住，如老干妈、张小泉、马应龙等。其中"老干妈"会让人联想到一个亲切、淳朴的中年妈妈形象；"张小泉"这个品牌名称就像朋友的名字一样，也会让人感觉到亲切。

品牌就像是一个人，具有自己的个性、风格，在新媒体渠道中，即使新媒体文案人员不是运用人格化形象的方法来命名，也会通过各种文案和形象来传达品牌人格化的一面，如通过微信公众号塑造虚拟的客服形象。

课堂讨论

请用人格化形象的方法给一款暖手宝取一个名字。

（3）符合行业特性的通用词汇。可借用具有行业特性的词汇来命名。这在物流行业很常见，强调道路通达，于是就有了许多公司名称中用"通"字的，如圆通公司、申通公司、中通公司，用"达"字的，如韵达公司；强调速度的，如顺丰公司。

（4）几种方法的结合运用。可以将具象化事物、人格化形象、符合行业特性的通用词汇等方法相互结合，这同样能够达到形成已知符号的效果。举例如下。

具象化事物+符合行业特性的通用词汇。"骆驼"品牌是一个户外装备的品牌，骆驼是一个具象化的动物，与户外装备强调"耐受力""可靠"特性相关联，骆驼的耐旱特性与产品功能性高度契合。这样，品牌名字不仅好记，还能让人一听就了解这个品牌的属性，并且这个名字能够让人感受到品牌坚韧可靠的风格。"一朵棉花"是销售纯棉用品的品牌，"棉花"既是符合行业特性的通用词汇，又是具象化的事物，并且象征着天然、淳朴，能够传达出品牌的价值和风格，加上数量词会让"棉花"这一形象更加具体、好记忆。人格化形象+符合行业特性的通用词汇。如"谭木匠"这个品牌名字一听就知道是木制品行业的品牌，"木匠"符合行业特性，给人"传统""手艺精湛"等印象，加上一个"谭"姓让这个木匠的形象变得更具体了。

2. 品牌形象

品牌形象关联的是人的视觉记忆，在品牌形象的设计上运用已知符号，更容易达到让人一看就懂的目的。通常，品牌形象设计应符合行业特性，让人一看就知道这个品牌所属的行业。

（1）商标设计运用已知符号。每个行业都有其代表性符号，运用具有行业特性的符号可以让人一目了然地知道品牌的主营业务。如餐饮业的商标、设计多运用刀、叉、碗、盘、厨师帽等已知符号，医药行业多运用胶囊、烧瓶、针剂等，金融业多运用铜钱、聚宝盆、金元宝等。

图5-4所示为两个制药企业的商标设计示例，运用胶囊这一符号来表现行业特性。需要特别注意的是，胶囊这一符号在这里除了表现行业特性，还用于强调品牌名称。图形与文字需保持一致，否则容易导致胶囊这一符号和品牌名称关联性弱，反而不利于品牌传播。

图5-4　商标设计示例

乐事薯片用一个已知符号——土豆来说明行业特性，整体设计通过土豆符号强调"乐事"这个品牌名称，如图5-5所示。

图5-5　乐事商标

很多品牌在做商标设计时会设计一个创新图形，然后再用很多文案去解释这个图形的寓意，其实往往没有必要。图5-6所示的药房商标就是一个反例，名称相对于图形来说很小，这导致受众视线都聚焦于上面的图形上，并且图形的寓意无法让受众一眼看懂。对品牌来说，这样的设计不仅传播效率低下，还浪费了宝贵的广告位；而对受众来说，会加重其记忆负担。

图5-6　药房商标

可口可乐的商标这一百多年来的变化，一直都以字体变化为主，如图5-7所示。从图5-7中我们可以看到，非核心元素逐渐简化，品牌名称本身越来越突出，这也是在尽量减轻受众的记忆负担；并且可口可乐商标的字体到后阶段变动很小，字体随着时间的沉淀逐渐演化成可口可乐自身特有的符号。

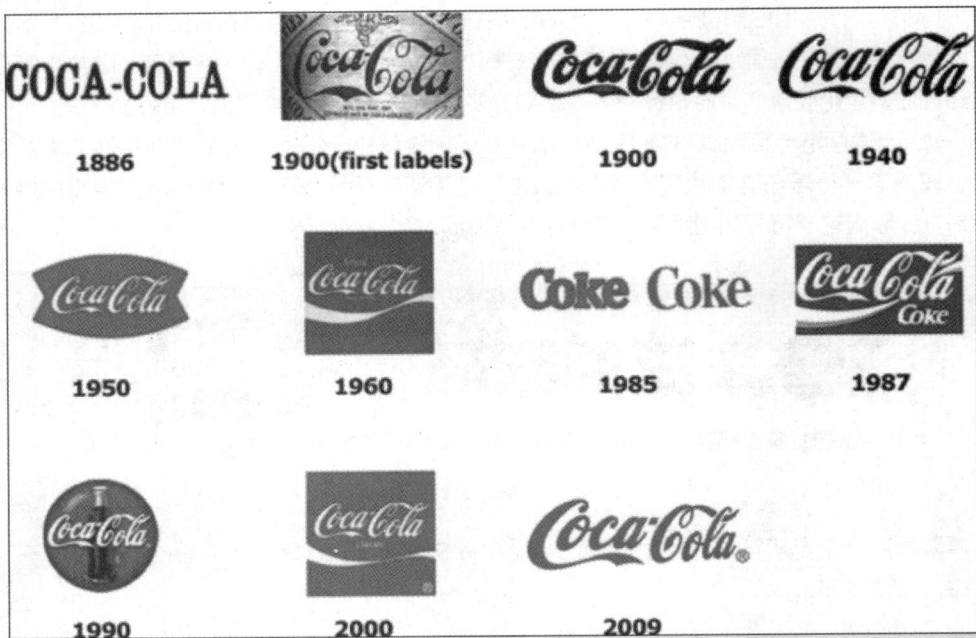

图5-7　可口可乐商标的变化过程

（2）包装及广告形象运用已知符号。在包装设计中运用已知符号能够让产品更容易被识别。不仅商标设计可以运用已知符号来强调品牌名称及行业特性，在包装设计上，同样可以运用已知符号，加深消费者对品牌及产品的印象。

例如，厨邦酱油用大家熟悉的绿格子餐布图案作为自己的产品包装的主体部分，这样做有什么好处呢？首先是利于传播和指示，需要令消费者去购买酱油的时候，就可以直接说，"买那个绿格子包装的酱油"；其次是有助于提高辨识度，尽管酱油的瓶身设计大同小异，但绿格子包装比较醒目，能够令消费者一眼就认出来。

在广告形象中运用已知符号能更好地传达产品卖点。图5-8所示的亨氏番茄酱广告，用番茄这一符号来传达产品的卖点。

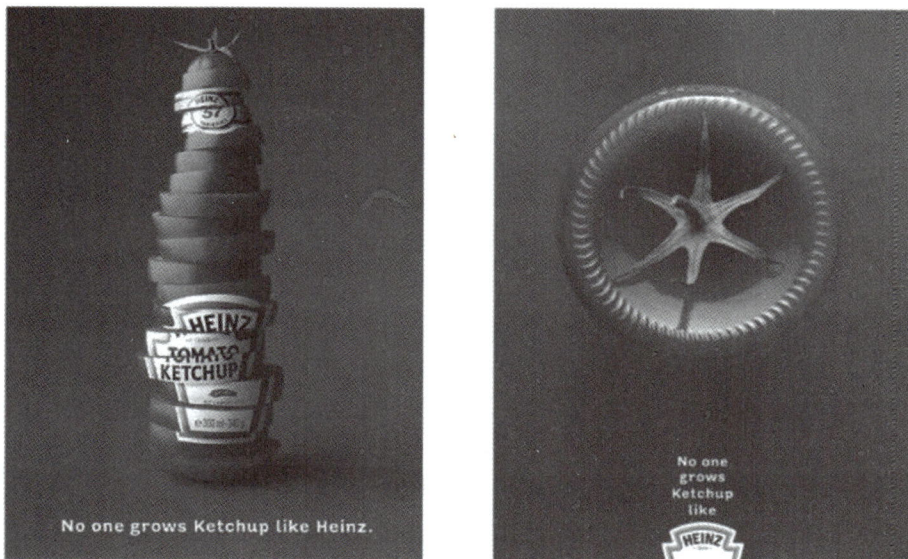

图5-8 亨氏番茄酱广告

课堂讨论

亨氏番茄酱的广告传达了什么信息？在表5-1中你选择的选项后打钩。

表5-1 亨氏番茄酱广告传达的信息选项

广告信息	你选择的选项
天然	
新鲜	
无添加	

亨氏番茄酱的广告，运用了番茄这一符号和产品包装创意来表现"新鲜的番茄酱，犹如长出来的番茄酱"。

运用已知符号，归根结底就是帮助受众更好地记忆。无论是品牌名、广告语，还是品牌的商标设计、包装设计，都不能加重受众的记忆负担，切忌凭空生造形象、生造词，否则会增加传播的难度。

课堂讨论

如果你负责一家西餐厅的品牌形象策划，现需给该餐厅取一个容易传播的名字，且需运用一个具有辨识度的符号做商标设计，你会取什么样的名字，并且运用什么符号来设计商标？请说明理由。

↘ 三、脱口而出：品牌话语口语化且有号召力

课堂讨论

请在两分钟内，想出三条广告语并讨论广告语都有哪些特点。

有了品牌名称、品牌形象，还需要一句强有力的品牌话语——广告语。

广告语，又称为广告标语、广告口号、广告主题句，是指产品的经营者或服务提供者，通过一定的媒介和形式直接或间接地向公众介绍自己所推销产品或所提供服务的特定宣传语。

广告语是广告文案的精华，从某种意义上说，就像企业的商标一样，是企业传播自身品牌过程中的一个重要标志；广告语也是企业可用视觉、听觉识别的标志，代表企业品牌形象，这也是其核心价值之一。

曾有广告人这样说："广告语之于广告就好比是画龙点睛、编筐收口的那重要一环。"它是镶嵌在广告这件艺术品上的美丽装饰，也是品牌的眼睛。一个品牌拥有一条出色的广告语，就像一名年轻的姑娘佩戴一条精美的珍珠项链一样光彩照人。

很多知名品牌就是通过一条深入人心的广告语打开市场的，如大家耳熟能详的广告语："一切皆有可能。"

新媒体环境下，什么样的广告语更容易被传播？有品牌话语简洁有力、口语化，品牌话语有号召力这两个判断标准。

1. 品牌话语简洁有力、口语化

广告语在人群中传播，归根结底是一种语言现象，广告语是一句让人说的话，即口语，而不是一句写出来让人朗读的书面语。当口语化的广告语简洁有力的时候，消费者才更容易把这句话说给周围的人听，广告语才能真正发挥力量。

很多经典的、流行的广告语都是口语化的。"甲壳虫"汽车的广告语"想想还是小的好"，不仅口语化，而且简洁有力。当时美国汽车市场是大型车的天下，"甲壳虫"汽车刚推出时根本就没有市场，伯恩巴克拯救了"甲壳虫"汽车，提出"Think Small"的主张，运用广告的力量，改变了消费者的观念，使消费者认识到小型车的优点。

国内也有很多类似的广告语，"不是所有的牛奶都叫特仑苏"就是一句口语化的广告语，用来突出产品的不一样；美团外卖的广告语"美团外卖，送啥都快"，不仅口语化，还非常简洁。

口语化的广告语能够让人脱口而出，符合消费者的语言习惯。口语化意味着通俗易懂，但应避免过于俗气。有些企业只追求娱乐和感官刺激，陷入低级趣味的误区，没有把握好语言的格调，让广告语显得庸俗。

2. 品牌话语有号召力

好的品牌话语不仅简洁有力、口语化，还应具有号召力。在广告语中加入动词，更容易达到具有号召力的目的。品牌话语一旦拥有了号召力，就更容易让受众行动起来。以国产运动品牌安踏为例，其经典广告语 "Keep Moving，永不止步"。"Moving（行动）"这一动词的运用，鲜明地体现了积极向前、不断进取的行动导向。它鼓励消费者在运动的道路上持续前行，突破自我，激发着大众对运动的热情与坚持。

当然，需要注意的是，品牌话语即使做到了简洁有力、口语化，具有号召力，也需要关注两

个核心点：是否传达了企业的核心价值，是否表现了企业品牌的核心卖点。传达企业的核心价值和表现企业品牌的核心卖点是品牌话语的基础，简洁有力、口语化，有号召力只是在此基础上做的优化。

课堂讨论

你觉得以下哪个文案更具有号召力？

（1）某饮品广告语：今天你喝了吗？

（2）某美食App广告语：唯有美食与爱不可辜负。

（3）某品牌熨斗广告语：多少崎岖，——走过。

↘ 四、非凡内涵：品牌价值融入

课堂讨论

你知道"不在乎天长地久，只在乎曾经拥有"这句广告语是哪个品牌推出的吗？

上述广告语相信你也听过，但是，你知道是哪个品牌推出的吗？

如果广告语无法让人记住出自哪个品牌，对企业来说相当于浪费了一个优质的广告位。但是，一旦广告语融入品牌价值或品牌名称，并且符合简洁有力、口语化，有号召力的标准，则品牌的传播会更高效。

北京有一家广告公司，叫作"你说的都对（北京）科技有限公司"。其中，"你说的都对"是日常生活中的一句口语，表示完全认同对方说的话，与此同时，这句话体现了该公司的价值观——以客户的价值为重。该公司的名称不长，但是把品牌名称、品牌广告语、品牌价值观全部融入了。

如果品牌名称无法体现品牌价值，则应尽可能在广告语中体现，如将品牌名称融入广告语，就可以做到在传播广告语的时候也传播品牌名称。例如，"人头马一开，好事自然来"，"人头马"这一品牌名称融入广告语中，让人在传播广告语的过程中将品牌名称也传播了。

一些处于供应链上游的大型企业推出广告语时无须让消费者记住自己。"钻石恒久远，一颗永流传"这句广告语大部分人耳熟能详，但未必知道是哪个企业推出的。实际上消费者知不知道这个广告语是谁推出的对做这个广告的企业来说没有关系，因为推出该广告语的企业是一家钻石供应商，全球几乎一半的钻石来自这家钻石供应商，即使消费者不知道这个企业，只要消费者知道钻石值得购买就足够了。

另外，行业协会推出广告语时也无须特别强调是哪个品牌推出的。如出自国际铂金协会的"购买铂金饰品，请认准Pt标志"，只需让消费者了解广告语传达的观念即可。

对大部分品牌来说，将品牌名称融入广告语是个传播品牌的好方法，如果广告语流传很广，消费者却不知道是谁的广告语，则这一广告语对品牌来说是收效甚微的。

广告语代表着品牌的核心价值，不是意味着只能用广告语来宣传品牌，核心价值应该体现在品牌的各种营销活动中，如宇通客车的广告语"耐用是金"，强调自己的客车质量好，比其他客车用得更久。实际上传达这个价值的方式不仅是运用广告语，宇通客车在一系列的营销活动中，围绕着"耐用"开展了一系列有说服力的整合营销推广，包括展示使用了二三十年的客车仍然性能很好的真实案例，以及从各方面宣传宇通客车用了哪些工艺、工人是怎样负责任的等，让"耐用是金"的观念深入人心。

↘ 五、常被提起：品牌联想场景化诱因

课堂讨论

什么场景下你会自然而然地想到面包这个食物？请在表5-2中你选择的选项后打钩。

表5-2 面包的联想场景选项

场景	你选择的选项
早上吃早餐的时候	
看电影的时候	
喝牛奶的时候	

歌曲《星期五》被很多音乐评论家评为"史上最难听的歌曲之一"，但该歌曲上传至视频平台后，以极快的速度在网络上传播，并走红。

"7点起床，准备下楼，拿碗，喝粥……昨天是星期四，今天是星期五，我们很激动，终于可以开心地玩儿了。明天星期六，后天星期天。真不想让周末结束。"这首歌听起来似乎比较无聊，歌词也空洞无力。

但网络搜索结果显示，这首歌的演唱者丽贝卡·布莱克的名字，在每周的某一天都会迎来一个搜索高峰，这天就是"星期五"。毫无疑问，人们在星期五这天会自然而然地想起《星期五》这首歌。星期五的到来，就是人们搜索这首歌的诱因。

由此可见，在特定的场景下，有机地植入品牌或产品，更容易使消费者在对应的场景中想起你的品牌或产品。

"饿了么"这个在线外卖订餐平台的品牌名，很好地运用了场景化诱因。试想，消费者在什么情况下会想起这个品牌呢？自然是饿了的时候。消费者感觉到饿了，就是"饿了么"被人想起的诱因。"饿了么"是一句口语，消费者经常会说，于是每次提到的时候消费者可能会自动联想到"饿了么"这个品牌及其服务。

红牛也同样运用了这个原理，其主要产品是一款维生素能量饮料，主要的功能是提神醒脑，适用的场景是消费者困了、累了但是又不能休息的时候。于是红牛推出广告语"困了累了，喝红牛"，希望消费者在困和累但需要提神的场景下想起红牛的产品。

简洁有力、口语化，融入了品牌名称，并且能让消费者在对应的场景下想起品牌的广告语有很多。如香飘飘的"小饿小困，喝点香飘飘"。选取的场景是"小饿小困"，为什么是"小饿小困"？香飘飘作为休闲饮品，不具备功能饮料的功效，如果是特别饿的时候，消费者需要的是面包、饼干等商品。而"小饿小困"的时候产生的需求与奶茶契合，奶茶让消费者动动嘴就能缓解轻微的困意和饥饿。

课堂讨论

你觉得王老吉的"怕上火，喝王老吉"是否有场景化诱因？你一般会在什么时候想起喝这款饮料？

文案实战训练

请为品牌名称为"可可宣言"的巧克力写一条具有场景化诱因的广告语。

在文案工作中，新媒体文案人员可以运用简单的方法来检验信息是否符号化。

检验品牌名的方法。新媒体文案人员可以通过打电话的方式将广告语说给其他人听，询问对方是否知道品牌名是什么，是否知道如何拼写，以及觉得这个品牌可能属于什么行业。

检验品牌形象的方法。新媒体文案人员可以给不熟悉该品牌的朋友查看商标，询问"你能一眼看懂这个品牌的名称吗？你觉得这个品牌是做什么类型产品的？"

在进行品牌命名，以及设计标题、海报主题、广告语等时，新媒体文案人员可运用信息符号化检验清单进行检验，如表5-3所示。

表5-3　信息符号化检验清单

原则	是否满足原则
一看就懂	
脱口而出	
非凡内涵	
常被提起	

任务三　社交货币

课堂讨论

请说一说你最近分享的三篇微信公众号文章，以及你分享的原因。

现在的人们，看到好文章会转发，这种行为是大众的主动传播行为。每个人转发文章的过程，是一种社交货币积累的过程。

社交货币可以被理解为从社交网络和社区的存在产生的实际和潜在的资源的全部，它们可能是数字的或离线的。

《疯传》对"社交货币"的描述更为直白一些："就像人们使用货币能买到商品或服务一样，使用社交货币能够获得家人、朋友和同事的更多好评和更积极的印象。"积累社交货币是为了塑造个人的形象，完成自我认同。

如果我们被另一个人评论，是因为我们在别人心目中积累了社交货币，只不过有些评论是积极的，社交货币就好像是存款，有些评论是负面的，社交货币就好像是取款，甚至是被透支。

威尔伯·施拉姆在《传播学概论》中阐述了人际交往传播的环境和内容："所有的交往者都带着满载信息的生活空间，带着丰富的经验存入传播关系中，借以解释自己得到的信号，并决定如何回应。如果两人想要达成有效的交流，他们储存的经验就必须在共同感兴趣的话题上交叉。"人际交往的环境如图5-9所示。

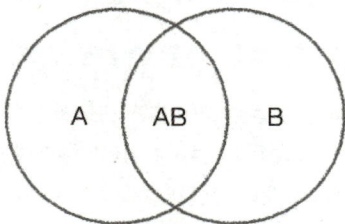

图5-9　人际交往的环境

图5-9中，A和B表示两人的生活空间，两人重叠的生活空间AB就是他们交流的环境。由此可见，双方应交流与自己相关并且可能令对方感兴趣的话题，也只有这样的关系和环境才能让社交沟通得以继续。

神经科学家简森·米歇尔和黛安娜·塔米尔在研究中，将脑扫描仪放置在被试者的头部，然后询问他们是否愿意分享自己喜欢滑雪板或者喜欢小狗的态度和想法。结果发现，分享个人观点能够产生与自己获得钱财或食物时相同的脑电波。所以说，人们向他人分享自己的喜好、自己吃过的最好吃的蛋糕等时，会使人们感到喜悦。

由此可见，人们有很强烈的主动与他人分享与自己相关的信息、相关商品的口碑等的意愿。另外，日常生活中可以看到人们会购买不同品牌的车，不同品牌的衣服、包。这些商品也将作为个人的社交货币。

企业就需要想办法让自己的广告文案甚至商品，变成人们愿意分享的内容，成为人们的社交货币，被人们主动分享和传播。

那么，什么样的广告文案才能成为社交货币呢？

一、铸造社交货币的五种方式

企业需要思考如何让自己的广告文案甚至商品变成人们的社交货币，被人们主动地分享和传播，以下探讨铸造社交货币的五种方式。

1. 满足自我认同

宾夕法尼亚大学沃顿商学院市场营销学教授乔纳·博格和凯瑟琳·米克曼专门对人们在社交媒体的分享内容进行了研究，他们发现了人们在社交媒体上分享信息的动机："我们跟其他人谈话的时候，不仅想传达某种信息，而且想传播与自己相关的某些信息。"也就是说，人们分享思想、观点和经验并不是无意识和无目的的，人们分享是为了收获传播对象对自己的认知，塑造自己的形象，完成自我认同。

主要通过外部形象、思想形象、理想形象来完成自我形象的塑造。

（1）外部形象。外部形象是"我是谁""我来自哪里""我是一个怎样的人"等方面的信息的总和，如家乡、毕业院校、性别、身高、体重等。分享类似的信息更容易让别人对自己有印象，相当于告知别人：我是一个怎样的人，来自哪里，等等。如家乡在江西的人更乐于分享《爱上江西的N个理由》，这主要是出于对自己家乡的认同与感情，分享的同时也体现了"我是一个江西人"的外部形象。身材娇小的人更容易分享关于身材娇小的文案内容，不仅是表现对自己身材的认同，更是借用社交货币告知别人：我是一个身材娇小的人。一个热爱摇滚的青年可能会分享关于迷笛音乐节的信息，分享的同时也传达了：我是一个摇滚乐迷。

（2）思想形象。思想形象主要体现个人的相关思想，体现个人的价值观。价值观是基于人一定的思维感官而形成的认知、理解、判断或抉择，也就是人认定事物、辨别是非的一种思维或取向，简单来说就是认为什么是对的、什么是错的。如个人分享自律给我自由的相关内容，传达的思想形象则是自律有很多好处，我是一个自律的人。

（3）理想形象。每个人心中都有自己的理想形象，如"我的理想追求是什么样的""我理想的生活是什么样的"，但现实生活通常与理想有一定距离，当理想形象正好被相关文案内容或事件所体现，人会自然而然地将其作为社交货币分享出去。例如，一个渴望环球旅行的人更乐于分享《大学毕业用一年时间完成环球旅行》；又如《仅用3年时间，他是如何成长为CEO的》更容易被一个期望在职场中快速成长的人作为社交货币分享到朋友圈。

课堂讨论

假如你负责撰写一款高端耳机的文案，现在需要向目标人群提供满足自我认同需求的文案内容，你会怎么写？请先写出文案的标题。

2. 打破思维定式

课堂讨论

这两件事情中，你更愿意跟朋友分享哪一件？
（1）国外一个歌手出新专辑了。
（2）国内一个知名歌手将去一个小山村开演唱会。

宾夕法尼亚大学沃顿商学院教授罗古·艾扬格和乔纳·伯杰做了一个研究，研究公司有多少种商品和品牌是通过口头传播的。他们首先找到6 500个商品和品牌，大到富国银行等品牌，小到普通百姓常去的餐馆等，覆盖了基本能够想到的行业。然后，他们要求大家评价一下相关商品和品牌，并填写对这些商品和品牌的评论意愿。最后分析出商品和品牌的评价得分与评价意愿间的关系。

他们得出的结论非常清晰：像好莱坞电影这样的大品牌受关注的程度是其他小品牌的两倍。

尽管大品牌拥有自带话题的优势，但那些能够打破人们思维定式的商品、思想或服务同样具有话题性。

如七岁的孩子给人的普遍印象是懵懂，学习、记忆能力都比较弱，但是"七岁孩子背诵圆周率至小数点后1 000位"的信息，打破了人的固有认知，会很快被注意到。

低价航空给人的印象通常是逼仄的位置、不好吃的航空餐，但如果乘坐某个低价航空的消费者享受到高级待遇及美味的航空餐，则他们会更乐于分享这一体验。

因此，一旦话题、文案、创意打破了思维定式，就更容易被消费者主动分享。企业可以通过塑造有悖常理的商品形象让其自带话题。乔纳·伯杰仅仅是把白色的卫生纸变成黑色的卫生纸并把黑色卫生纸放在厕所里，便引起了人们的谈论，因为卫生纸的常见颜色是白色，一旦变成黑色就具有话题性了。

当然，不是所有的话题都会被广泛传播，话题还需要具备公共性，能够让人给朋友分享。如一些个人化和私人化的物品或话题，就不容易被谈论。这也是为什么很多品牌尽可能在商品的明显位置放置品牌商标，除品牌宣传外也使品牌具备公共性。如Beats耳机的大部分消费者是耳机"发烧友"，一旦一个耳机"发烧友"看到另一个人戴的耳机上有字母"b"，则两个人之间就更容易进一步交流，此时Beats耳机成了社交货币。

课堂讨论

如果你负责某国产汽车品牌一款汽车的商品策划，你会如何运用打破思维定式的方法来设计该国产汽车品牌该款汽车，让消费者乐意主动将该汽车分享到朋友圈？

3. 运用社会比较

课堂讨论

你会查看微信运动的排名吗？若会，查看微信运动排名时你内心感受是怎样的？

曾经，有实验者要求哈佛大学的一群学生必须坦率地回答以下问题，并从中做出明确的选择：做A工作每年挣5万美元，做B工作每年能挣10万美元。判断一下，如果是你，你会选择哪一份工作？

这种问题初看感觉提问者很没有水平，肯定是做B工作啊，但是这里还有一个前提：做A工作可以获得的5万美元比这份工作的平均收入（2.5万美元）多一倍；做B工作获得的10万美元是这份工作的平均收入（20万美元）的一半。虽然选择做B工作对个人来说会更有利，也更有诱惑力，但是实际上大部分学生选择了做A工作，因为即使自己的收入在绝对数量上变少了，但获得了比其他人更多的相对利益。

由此可见，大家选择的依据不是绝对收益，而是相对收益。事实上，人在各方面都喜欢比较。美国社会心理学家利昂·费斯廷格提出过"社会比较理论"，即每个个体在缺乏客观依据的情况下，利用他人作为比较的尺度来进行自我评价。

安装过360软件的用户在计算机开机的时候，会看到360开机小助手发来这样的提示："您的开机速度击败了全国99%的计算机，特此授予您五星级计算机的称号。"这样的文案提醒，让用户感受到优越感和获得了心理奖励，360软件也更容易被用户作为社交货币分享出去。

另外，很多企业在设计营销活动或商品时也会运用社会比较，如支付宝每隔一段时间就会出现具有比较性质的页面，以促使用户转发分享，如每年年底的支付宝账单。

在创作营销文案时，新媒体文案人员可进一步思考如何让用户在比较中找到乐趣。如果是一篇总结性或品牌性质的文案，可以向用户发送与用户的交互相关的数据，让用户能够和朋友进行比较，从而促进文案传播。

假如你是微信App的新媒体文案人员，在年终时，你会如何运用社会比较来促使用户更多地分享微信品牌的相关内容？

4. 提供实用价值

当你朋友准备找财务工作时，你看到一篇文章——《财务工作必备七项表格处理技能》，你会不会分享给他？

心理学上有个词叫"利他主义"，是指一个人在无利可图或不期待任何回报的情况下，也会关心和帮助别人，并且人在很小的时候就存在利他行为了。如伊朗电影《小鞋子》中，小男孩会为了妹妹的一双鞋而想尽办法，即使年龄小，也可能会做出利他行为。

人的利他行为从进化心理学的角度可解释为：在自然选择过程中，有利他天性的生物更容易存活下来。而社会交换论推崇者则认为：人们的行为追求利益最大化、成本最小化；利他行为是助人者对未来的一种投资。不论何种解释，在社交中，为朋友提供对方需要的一些内容，也是社交货币，个人即使不能获得物质上的好处，但能换来朋友之间感情的升温。

实用性文案容易触动人的利他心理，从而引起分享和传播。企业可以从自身产品出发，有选择地创作实用性文案。例如，一个手机品牌，推出名称为"×手机隐藏功能，99%的人不知道"的实用性文案，当消费者看过后，在跟朋友讨论这款手机的时候，文案内容则成为消费者的社交货币。

销售水果的品牌，同样可在文案中提供实用价值，如不同的水果如何用不同的方式轻松去皮、适合学生吃的七种水果，三招搞定营养果汁等。

需要注意的是，文案内容必须紧紧围绕企业自身的产品，并确保与品牌高度相关。如上述水果品牌推出主要内容为如何清洗羽绒服、大衣的文案就浪费了资源，因为虽然内容是实用性内容，但是跟品牌没有相关性。

假如你是某运动品牌的新媒体文案人员，现在需要写一篇具有实用价值的文案，你会选用怎样的角度？请将标题列出。

拓展阅读

观看电影《小鞋子》，了解人在做出利他行为时的心理特征。

5. 创造归属感

课堂讨论

　　若你很喜欢一个品牌并为这个品牌提过一次建议，而品牌方不仅非常感谢你的建议，而且送你礼品表示感谢，你以后会更多地购买这个品牌的产品吗？

　　用小米手机的人自称"米粉"，用苹果手机的人自称"果粉"，这些称呼蕴含着消费者作为品牌使用者的自豪感，"米粉"和"果粉"这些称呼也是品牌归属感的一种表现。

　　归属感，指个体与所属群体间的一种内在联系，是个体确认自己属于特定群体、认同该群体并愿意维系这种成员身份的心理表现。企业需要这样的群体，更需要有意识地培养和增强他们的归属感。有两个创造归属感的方法：用户参与，在互动中产生认同；制造专有，人无我有。

　　（1）用户参与，在互动中产生认同。让用户参与品牌的活动，这样用户更容易产生身份认同，增强归属感，甚至可以让用户参与产品设计，如让用户参与产品开发，为产品的包装选择设计方案等。

　　（2）制造专有，人无我有。"会员专供""特享""特供"是指仅针对特定人群提供某种产品或服务，这同样会加强用户的品牌归属感。

课堂讨论

　　假如你是某品牌巧克力的新媒体文案人员，在七夕期间，你会采取以下哪种方法来增强用户参与感？

　　（1）提供会员专享爱心款巧克力。

　　（2）用户投票挑选出即将印刷在包装上的文案。

　　（3）以上均可。

　　请写出一项你想到的能够增强用户参与感的具体方式。

二、社交货币六维度评估检验表

　　社交货币是消费者和品牌共有的"资产"。企业的相关信息如具有社交货币功能，则能促进品牌与消费者之间的互动，以及消费者和朋友之间的互动。

　　知名的营销咨询公司Vivaldi Partners将社交货币的测量划分为六个维度，如表5-4所示。

表5-4　测量社交货币的六个维度

维度	测量数据（需调研）
归属感	
对话	
实用价值	
拥护性	
信息知识	
身份识别	

归属感（Affiliation）：你的消费者中有归属感的人数的占比是多少？

对话（Conversation）：你的消费者中发起与品牌相关的热烈讨论的人数的占比是多少？

实用价值（Utility）：有多少人在和其他消费者的互动中获得了实用价值？

拥护性（Advocacy）：你有多少忠实消费者？你的忠实消费者会主动将品牌推荐给其他人吗？

信息知识（Information）：有多少人感觉他们能与其他消费者进行有效的交流？

身份识别（Identity）：你有多少消费者能够识别出与自己同样使用该品牌的其他消费者？

调研发现，社交货币各维度对不同行业品牌的忠诚度贡献是不同的，各品牌社交货币数据如图5-10所示。

	社交货币维度
苹果	63%
星巴克	42%
谷歌	41%
微软	38%

归属感	对话	实用价值	拥护性	信息知识	身份识别
56%	77%	52%	64%	64%	65%
53%	45%	31%	48%	35%	43%
31%	43%	44%	42%	49%	40%
31%	47%	31%	38%	49%	35%

图5-10　各品牌社交货币数据

从图5-10可以看到，苹果的消费者非常乐于发起与苹果相关的对话（77%），并且他们有较强的身份识别意识（65%）；谷歌表现较好的社交货币维度是信息知识和实用价值，而归属感维度的表现较差；星巴克在归属感维度有不错的表现，在实用价值维度表现较差。

行业不同，社交货币六个维度之间也会存在差异，常见行业社交货币数据如图5-11所示。

图5-11所示为汽车、航空、啤酒、皮肤护理、快餐、运动服饰、在线购物、B2B技术等行业在社交货币六个维度上的差异。可以看到啤酒行业在归属感、对话、身份识别等维度是不具备对应特征的，但是在实用价值、拥护性及信息知识等维度表现较好。这表明，大部分消费者对啤酒品牌缺乏归属感，并且在日常聊天中也不易引发大量的讨论，但是消费者看重啤酒的实用价值，并且喜欢喝某个品牌的啤酒的消费者会更容易将该品牌啤酒推荐给其他人，相关的啤酒知识等也更容易被分享。

不同品牌及行业在社交货币六个维度的评估数据不一样，从业者应根据具体的品牌及行业属性有所侧重。

行业	归属感	对话	实用价值	拥护性	信息知识	身份识别
汽车	□	■	■	■	■	■
航空	■	■	□	■	■	■
啤酒	□	□	■	■	■	□
皮肤护理	■	■	■	■	■	■
快餐	□	□	□	■	□	■
运动服饰	□	■	□	■	□	■
在线购物	■	■	■	■	□	■
B2B技术	■	■	■	■	□	■

注：■表示具备对应特征；□表示不具备对应特征。

图5-11　常见行业社交货币数据

任务四　附着力

老师在课堂上讲解一个很深的理论，一周后只有少数几个学生还记得这个理论；公司在转型政策会上颁布了一条新政策，会上员工无不点头称是，会后却仍然执行旧政策。不是学生不认真学习，也不是公司员工偷懒不想改革，而是信息本身缺乏附着力，受众记不住、传不了，更无法行动起来。

那么，什么叫作信息的附着力？信息的附着力也叫黏性，指创意与观点能够让人听懂，能被人记住，并形成持久的影响的能力。这也是为什么有些广告总是让人念念不忘，而有些广告即使花费了大量费用也只是昙花一现。

如何让文案具有附着力？主要是在不改变信息的基础上做一些简单的包装，让文案变得令人难以抗拒。可以运用《让创意更有黏性》中提出的六原则——简单、意外、具体、可信、情感、故事，来增强文案的附着力。

一、简单：提炼核心信息

营销中的"简单"往往指抽丝剥茧，找出核心的东西，换句话说，简单=提炼核心。新媒体文案人员写文案前先把核心信息找出来。

一名成功的辩护律师指出："从十个角度去辩护，即使每个论点都有理有据，但陪审团进入休息室后，一个也记不住。"要放弃那些无关紧要的信息，提炼出核心的信息。如何提炼核心的信息呢？

这里有个简单的工具，问自己一个问题：如果只能有一个，那么是什么？

举个例子，如果要做一个产品的广告，产品的卖点有很多，可以问自己一个问题：如果只能强调一个卖点，那么这个卖点是什么？这样询问自己可以很快地找出核心的信息。

新媒体文案人员在文案撰写中，要将简单这一原则很好地执行下去，可参考《简单的力量》中给出的十个方法。

- 让句子简短。
- 挑简单的词，不用复杂的词。
- 选熟悉的词。
- 避免不必要的词。
- 用动词作谓语。
- 口语化。
- 用读者可以理解的术语。
- 结合读者的经验。
- 充分利用词语多样性。
- 以表达为目的，而非以吸引人为目的。

文案实战训练

请尝试用简单的话，总结下面这段话。

"西方服装强调贴身合体，认为只有体现人体曲线的合体剪裁才是完美的设计，但山本耀司追求的是让空气在身体和衣服之间流动，服装就应该像是'字里行间'中的'间'。如果要说山本耀司的设计精髓是什么，那一定就是这个设计理念，'间'就好比是定位，树立了自己独特的风格。"

二、意外：吸引并维持注意

在当今这个信息泛滥的时代，要吸引人注意，越来越难了，常采用的基本办法就是打破常规，用意外事件紧紧抓住人的注意力。意外的事件往往黏性很强，因为惊讶能让人们集中注意力思考，惊讶能使人们想挖掘事件产生的原因，去想象其他可能性，去设法避免同类事件。

那么怎么做会让人惊讶，让人感觉到意外呢？主要有以下三个要点。

- 确定想要传达的中心信息，即找到核心信息。
- 找到信息中违反直觉的部分。核心信息中令人意外的部分是什么？为什么事情没有依照预想的方向发展？
- 在重要而又违反直觉的层面上破坏听众的预测结果，从而传递信息，然后，一旦预测失效，就帮助他们"修好"原本的预测思维模式。

例如，海底捞以客户服务优质著称。

作为一个服务员，对优质服务的理解通常为：微笑、热情地服务和招待客人。那如何打破这个认知并以另一套认知取代？海底捞依靠的是一些小故事、一些令人意外的客服举动。

- 客户觉得西瓜很甜，服务员送一个西瓜让客户带回家吃。
- 客户打了一个喷嚏，服务员就让厨房做了碗姜汤。

- 客户要赶火车却打不到车，门口的服务员看到他带着行李箱，问了情况转身就走，紧接着海底捞的店长把自己的车开出来，对客户说："赶紧上车吧，时间不多了。"

海底捞通过采取上述做法打破了大众对服务好的定义，并重塑了大众关于优质服务的认知。要让信息有黏性，就必须让信息从常识变成非常识，这就是意外。"出色的客户服务意识"是常识，而"店长开车送客人赶火车"是非常识。

特别值得注意的是，这些举动的价值并不来源于意外本身，而是源自海底捞的宗旨和举动之间的呼应。

仔细看上述意外的三个要点，会发现，很多优秀的电影在运用贴合电影主题的意外来吸引观众的注意，并且让观众持续观看直到最后一秒。

↘ 三、具体：帮人理解记忆

人脑对具象事物（如物体、场景、故事）的处理效率远高于对抽象概念的处理效率。例如，"一个装满冰水的玻璃杯"比"保持水分摄入"更容易被记住，因为它激活了视觉（玻璃杯）、触觉（冰凉）等感官记忆。

请阅读以下每个句子，不要赶时间，当你从上一句转换到下一句时，你会发现，每当想起不同事物时，唤起的感觉也不相同。

（1）想起广东省的省会。

（2）想起蒙娜丽莎的画面。

（3）想起你曾经住得最久的房子。

（4）想起"真理"的定义。

（5）想起"西瓜"的定义。

上面每一句话都会触发不同的大脑活动。"想起广东省的省会"是一种抽象的练习，除非你就住在广州；相反，"想起蒙娜丽莎的画面"唤起的是对那个著名的神秘微笑的视觉形象的记忆；而"想起你曾经住得最久的房子"，唤起的会是一连串的记忆——气味、声音、影像方面的记忆，你甚至可能回忆起自己一路小跑穿过的那条小路，想起爸爸妈妈常坐的地方；但是"想起'真理'的定义"就很难唤起记忆；而"想起'西瓜'的定义"唤起的是对西瓜的条纹状瓜皮、红色的瓜瓤、香甜的味道、沉甸甸的重量等的记忆，接着你可能试图把这些记忆浓缩成一句话。

大脑中拥有数量众多的"小环套"，某个观点带的小钩子（记忆联想）越多，就越容易被牢固地存储在记忆中，这些小钩子（记忆联想）也被叫作记忆的魔术贴。

因此，大部分广告会以具体的点来帮助受众记忆。

🖨 拓展阅读

搜索"打开UBER，遇见更有趣的世界"系列广告文案，感受每一篇文案所体现出的故事。

课堂讨论

假如你是UBER的新媒体文案人员，你会如何撰写上述系列的广告文案？

四、可信：让人愿意相信

不管是什么产品、服务，都需要让受众感觉到可信，否则受众不会买单，文案创意也是一样的。那么，如何让人信服？某纸尿裤品牌的"天然呵护"系列纸尿裤营销案例是一个经典范例。

在"天然"概念流行之际，某品牌推出高端"天然呵护"系列纸尿裤，主打植物性材料、减少化学添加、亲肤舒适等卖点。然而，在充斥着各种"天然"宣传的市场上，消费者特别是父母们对此类说法心存疑虑："'天然'是不是噱头？真的更安全吗？"为了破解信任难题，该品牌没有停留在口号上，而是采取了透明化策略，其在产品包装和官网上清晰列出其核心成分的植物来源（如玉米、小麦、甘蔗等）及这些成分在纸尿裤中的具体占比，并详细解释这些天然原料通过何种工艺转化为安全、有效的材料。品牌建立了可追溯的信息系统，让消费者深入了解其供应链的可靠性和标准。

这种化抽象为具象、用可验证的事实代替模糊承诺的营销方式，有力回应了消费者的核心关切："你说'天然'的证据呢？"当消费者能够清楚地看到"天然"标签背后的实质内容，而非空洞的口号，信任感油然而生。

课堂讨论

以上故事运用了哪些让文案变得可信的方法？请在表5-5中你选择的选项后打钩。

表5-5　可能采用的方法

方法	你选择的选项
用权威	
反权威	
用细节	
用数据	
客户自证	
示范效果	
说愿景	

五、情感：使人关心在乎

特蕾莎修女曾经说过："如果我看到的是人群，我绝不会有行动；如果我看到的是个人，我就会行动。"为了研究其他人是不是和特蕾莎修女一样，美国卡内基梅隆大学的一些研究人员开展实验，准备了两个版本的关于非洲的募捐信，摘录如下。

版本A

- 马拉维的食物短缺问题波及300多万名儿童。
- 赞比亚严重的干旱问题导致自2000年起玉米产量下降42%。据估计，300万赞比亚人面临饥荒。

版本B

您全部捐款将转交给罗基娅，非洲马里的一个7岁的小女孩。罗基娅极度贫困，正面临严重饥饿，您的倾囊相助将会改善她的生活。有了您和其他爱心人士的支持，"救助儿童会"将可以协助罗基娅的家人和社区成员，并为罗基娅提供食物、教育、基本医疗等。

结果发现，阅读版本A的人平均捐款为1.14美元，而阅读版本B的人平均捐款为2.38美元。经过进一步验证，研究人员发现当人们进行分析型思考时，就不太容易感情用事，而当人们处于感性状态的时候，会更容易被打动。

课堂讨论

请看图5-12所示的内容。

图5-12 "半瓶水行动"的产品包装

有一个名为"半瓶水行动"的公益活动，为了帮助需要水的儿童喝到水，活动举办方开发出一款只有半瓶水的矿泉水，人们只要购买这瓶水，则另外半瓶水将会被提供给需要水的儿童。从信息的附着力上思考，为什么包装上要使用儿童的照片。

如何唤起受众的情感，使其关心在乎？可以考虑与受众的关联度、与受众相关的利益。约翰·卡普尔斯就精于此道，看看以下几个他创作的文案就知道了。

（1）若能照此简单计划行事，您可远离金钱烦恼。

（2）给我五天时间，还您一个活力四射的个性……让我证明给您看，完全免费！

（3）快速增高秘诀，助您步步高升。

（4）55岁就退休。

每一条都承诺了对受众有益的利益点，让人不得不在乎，并且每一条都唤起了人们对成为更好的自己的美好愿望。当然，有时候与个人利益相关的内容不一定是适用的，如当涉及道德问题的时候。

↘ 六、故事：促人行动

不管是在课堂上，还是在会议上，一旦有人讲小故事或者讲个人经历，大部分人会马上竖起耳朵听。那么，哪些故事具有附着力呢？答案是：所有的故事都有附着力。

人们常常把需要讲解的道理融入故事。例如，"亡羊补牢"的故事告诉人们，做错事了要及时修正。但是如果直接阐述这个道理，大部分人听过就忘了，但人们通过故事将这个道理深深地植入受众的心中。那么，如何讲故事呢？故事有挑战情节、联系情节、创造情节三种经典类型，可以根据具体需要选用。

1. 挑战情节类故事

挑战情节类故事往往讲述的是自我突破，如麻雀变凤凰、反败为胜、身残志坚的故事，主要用来鼓舞人、启发人接受更多挑战。

2. 联系情节类故事

联系情节类故事往往讲述的是社会关系，如用一瓶可乐把两个人联系到一起，类似这样的故事情节也常用在广告文案中。

3. 创造情节类故事

创造情节是一种通过设计具象化、戏剧性的情境触发点，以颠覆常规认知或破解长期认知盲区的方式，引导受众重新理解事物本质的叙事策略。其核心在于构建一个"认知冲突—顿悟突破"的转折场景（如相传牛顿在感受到苹果下落时，联想到地球引力），将抽象理论、品牌主张或复杂问题转化为可感知的"顿悟时刻"，从而在受众心智中完成从"已知困惑"到"创新解答"的认知升级。类似苹果掉落启发牛顿发现万有引力定律，创造情节一般是解开人们长久的迷思或是以打破常识和创新的办法处理问题。

根据具体情况选择具体的故事类型。在公司年终晚会上，讲联系情节类故事更符合当时的气氛，并有利于增进同事之间的感情；在项目启动大会上讲挑战情节、创造情节类故事有利于鼓舞士气。

新媒体文案人员不仅需要学习如何讲故事，更需要学会收集和识别好的故事，以方便在文案写作中运用。

故事最大的作用是模拟和启发。例如，A是专业人士，B是业余人士，A直接给B讲解专业工具运用原理，B可能无法理解，但A如果用一个阐述该原理的故事来解说，B相对更容易理解。讲故事会让两个认知水平不一致的人在相对一致的基础上对同一个事物有所了解。

增强信息附着力的六大原则为文案写作提供参考，实际运用中，遵循"简单"原则是前提，务必确保每条信息聚焦于一个核心观点。其他几项原则均可根据具体需求决定是否遵循。可通过文案附着力检验清单对文案进行检验，如表5-6所示。

表5-6 文案附着力检验清单

原则	是否遵循原则
简单	
意外	
具体	
可信	
情感	
故事	

文案实战训练

请以联系情节的方式为一款绿茶构建一个故事。

任务五　影响传播的两个因素：关键人物和环境

某一年小白鞋（纯白色鞋子的统称）忽然很流行，街上穿小白鞋的人也变多了。人们去商场专柜，会发现休闲类的鞋子品牌都推出了白色的鞋子。前几年也有小白鞋，为什么独独这一年流行起来？进一步探究会发现，小白鞋从时尚达人们的街拍开始出现在大众视野中；然后是时尚类自媒体工作者的不断宣传，如"某某名人的街拍""小白鞋的各种搭配方法"等；同时，整体的时尚潮流环境也在变化，服装风格由欧美风向文艺风转变，而小白鞋也正好跟这类服装风格相配，并且春、夏季也正好适合穿小白鞋。小白鞋就这么自然而然地流行起来。

《引爆点》中提出，社会流行潮就像一场流行病一样，只要达到了某个引爆点，就会突发性地传播开来。而这个引爆点是由三个条件共同作用的：散播传染源的人、传染源本身，以及传染源活动的大环境。我们将这三个条件称为关键人物法则（Law of the Few）、附着力因素法则（Stickiness Factor）、环境威力法则（Power of Context）。

企业要想让自己的产品或信息被引爆，必须遵循这三个法则，下面主要介绍关键人物法则和环境威力法则。

↘ 一、关键人物让信息传播更有效

有段时间，水晶非常流行，街头巷尾能够看到很多女孩戴着水晶手链，街道上也多了很多专门销售水晶的商店，在电视、杂志上都能够看到与水晶饰品搭配相关的内容。进一步探究其流行起来的原因，会发现水晶流行的原因是关键意见领袖（Key Opinion Leader，KOL）在媒体平台上教网友如何鉴别水晶，而且这些KOL比较有影响力，甚至会组织大家团购水晶。在水晶的流行潮中，这些KOL起到了重要的作用。

马尔科姆·格拉德威尔在《引爆点》中提出：当任何一场流行时尚到来时，总能发现几个非常关键的人物。他们独有的特点和社会关系，再加上他们自己的热情和个人魅力，能够快速地将信息在一定范围内散播开来。

正如同社会学家、传播学者哈罗德·拉斯韦尔所说的信息装配线上的关键节点："定居的村民有时拥有为游牧人和偏远部落的人传递信息的中继站功能，这是因为他们偶尔和原始部落的人接触。拥有中继站功能的人可能是教师、医生、法官、税务官、军人、小商贩、推销员或学生。"而马尔科姆·格拉德威尔在此基础上对关键节点的人物进一步细分，将关键人物（又叫个别人物）分为传播信息的联系员、提供信息的内行、说服别人接受信息的推销员三类。上述让水晶流行起来的KOL们，就同时扮演了这三类角色。

1. 传播信息的联系员

一般来说，人们社交圈大部分是背景相似的人，住在同一个小区、在同一个学校上学，认识范围相对有限。但是联系员则完全不同，他认识的人跨越年龄、职业、生活形态，甚至国籍也不一样。一些职业会天然地拥有这样的优势，如记者、律师等，但并不是说没有从事这类职业的就不可以做联系员，还有这样一类人：他们性格开朗、爱交际，喜欢结交朋友，把认识不同的人当成乐趣，并且喜欢相互介绍朋友。作为他们的朋友常常能够听到很多不一样的事情，甚至是平时很难触及的一些消息。

2. 提供信息的内行

每个人身边都有这类角色：对某类事物特别痴迷或者特别在行。如电子类产品的"发烧友"，他们对任何一个品牌型号的手机性能了如指掌，他们的典型特征就是会主动地搜集与电子产品相关的信息、资料，进行比较，并且乐于跟身旁的人分享这些信息，而且他们总是能够根据身边人的需求推荐合适的产品。电子类产品的"发烧友"扮演的角色是内行，直接和消费者对接相关的信息，并且还主动扮演说服别人接收信息的"推销员"的角色，消费者对这类人的相关建议会非常认同。

不同品类的产品或服务对应的内行会有不同，护肤品、化妆品的内行很可能是女性；而生活用品的内行则很有可能是一个"全职妈妈"；汽车的内行则很有可能是男性；数码产品的内行则很有可能是学生，等等。

3. 说服别人接受信息的推销员

一说到推销员，大部分人联想到的形象是脸上总是带着快乐的笑容，非常自信，说话非常有感染力，善于跟他人互动。没错，推销员就是这样一类拥有自信、社交能力强而且又很有活力的人，他们靠个人的人格魅力影响他人，并且这样的人对自己所推销之物是发自内心认可的。

当信息通过联系员或内行传播出来，就需要推销员来促进受众对信息做出反应。推销员的特色就在于自身的感染力容易影响到他人。

联系员、内行、推销员这三类角色，有时候由不同的人扮演，有时候也可能由同一个人扮演。正如前文所说的小白鞋的流行案例，时尚达人和时尚类自媒体工作者这两类人都属于关键人物，时尚达人扮演的角色是内行，而时尚类自媒体工作者则同时扮演了内行、联系员和推销员的角色。如果没有这两类人，小白鞋是很难在短时间内流行起来的。

↘ 二、关键人物法则源于六度间隔理论

根据关键人物法则，企业只要抓住了传播中的关键人物就能高效地传达信息。为什么关键人物法则有效？源于六度间隔理论的弱关系：两个素不相识的陌生人如果要相互认识，最多隔着六个人。也就是说一个人最多通过六个人就能够认识任何一个陌生人。

1967年，哈佛大学的心理学教授斯坦利·米尔格兰姆想要描绘一个连接人与社区的人际关系网，进行了一次实验，发现了六度间隔现象。

有一个叫"六度凯文·培根"的游戏也验证了六度间隔理论。这个游戏的主角是美国电影演员凯文·培根，游戏的目的是将培根和任意一个演员联系起来。弗吉尼亚大学计算机系的科学家花了一番力气建立起一个庞大完整的电影演员数据库，放在网上供人们查询。通过这个数据库，可以发现通常只要几个中间环节，就可以将凯文·培根和任意一个演员联系在一起。

为什么要选取凯文·培根作为这个游戏的连接点呢？因为凯文·培根是一位颇为高产的演员，他扮演过多个领域、拥有多种文化背景和多种社会地位的角色。仔细研究就可以发现，凯文·培根在这个实验中起到的作用类似前面所提到的引起流行的关键人物——联系员。

因此，在企业的信息推广中，找到这样的关键人物至关重要。

三、企业如何找到自己的关键人物

假如某电子产品"发烧友"在某电子产品品牌的论坛上提出自己的相关疑问，以及自己的相关建议和意见，结果受到了该品牌方的重视，这个电子产品"发烧友"的反应会是怎样的？毫无疑问，会在了解相关专业知识的基础上对该品牌更加有归属感，并且在日常跟朋友分享相关信息的时候会不遗余力地推荐这个品牌。

比如小米，小米最初主要是在自己的论坛上找关键人物，并且依靠他们做产品的推广。这些关键人物都是电子产品"发烧友"，属于关键人物中的内行，他们对产品本身有很强烈的探索欲。小米的产品设计工程师会在论坛上回答他们提出的问题，甚至会根据他们的相关建议进行产品的更新迭代。

作为一个企业，除了在论坛上找关键人物，还可以采用哪些方式找到自己的关键人物呢？可以挖掘客服电话、忠实消费者的名单等。

1. 客服电话

由客服人员通过客服电话识别关键人物。一些有经验的客服人员可以发现那些非常喜欢打电话咨询，而且提问仔细且专业的内行。

2. 忠实消费者的名单

忠实消费者已经用多次购买产品的行动表现了自己对产品的认可，在这一部分人中，可以通过相关调研、电话回访，识别出关键人物。另外，在软件领域，利用Beta测试也可以很好地找到关键人物，因为除了内行，一般人不愿意花时间去研究企业提供的免费软件。

关键人物中的内行和联系人的典型特征就是他们很热情，他们对相关的事物有探求之心，以及他们对相关信息具有强烈的兴趣爱好。在一些能够激发人们兴趣和探索欲的场景中，有大量的内行和联系人。因此，企业可以主动地通过这些场景去充分地发现和挖掘内行和联系人。

但需要注意的是，找到的关键人物不能和企业有直接的利益关系，内行和联系人的作用如此强大的主要原因是他们的观点和行动是客观的和无私的。他们向朋友推荐某个产品或服务的出发点是，他们非常了解内情，他们认为这些信息对朋友很有帮助。一旦普通消费者知道了某个关键人物原来受雇于某个企业，那么这个关键人物就失去了中立性。

四、环境威力法则

课堂讨论

试想，你某天发现一些垃圾被丢在离楼梯口不远的地方（此处本不准放垃圾），此时你手上正好有垃圾要丢，你会顺手丢过去吗？

从传播的角度来看，环境包括社会环境和人际环境。社会环境（如经济环境、人文环境、政治环境等）让人处于不同的情境中，触发其不同的行为及不同的思想观念；而人处于不同的人际环境中，观念、思想及行为也会发生变化。人受群体的影响，但群体具有一定的辐射范围，研究证明，150人左右的群体是比较合适的群体范围。只有借助环境的威力才能使广告信息更高效地传播。

1. 社会环境影响人当下的行为和观念

关于环境的影响，犯罪心理学中有一个很有意思的理论——破窗理论。如果一个街区中的一扇窗户被打破了，过了很久都没有人来修，路人就会推断，这是个没人管理、没人关心的地方。很快就会有越来越多的窗户被打破，并且向相邻的街区蔓延。

这项理论由犯罪学家詹姆斯·Q.威尔逊和乔治·克林提出，他们得出结论：犯罪是秩序混乱的必然结果。同理，当一面墙出现了一些涂鸦且没有被清洗掉，那么很快墙面上会布满乱七八糟的涂鸦。

在日本，有一种叫作"红牌作战"的辅助管理活动。企业通过对环境的整理、整顿，让员工养成做事耐心细致的好习惯，并遵守规则，认真工作。管理顾问迈金塔说过一句话："任意决定物品的存放并不会让你的工作速度加快，只能使你的寻找时间加倍；你必须分析考虑怎样才能更快捷地拿取物品，同时让大家都能理解这套方案，并遵照执行。"

"红牌作战"活动主要采取5S方法——整理（Seiri）、整顿（Seiton）、清扫（Seiso）、清洁（Seiketsu）和素养（Shitsuke）。在未清洁的设备、办公室和车间贴上具有警示意义的"红牌"，对不合理的工作程序或方式用"红牌"警示，以促使企业员工迅速改善，从而使工作场所变得整齐清洁，工作环境变得舒适幽雅，企业员工都养成做事耐心细致的好习惯。久而久之，大家都遵守规则，认真工作。

虽然大部分情况下社会环境不是一篇文案可以左右的，但进行文案传播的时候需要考虑受众所处的环境，并提出对应的传播策略，甚至需要顺应当下的社会环境，让信息在环境中自然流动。

2. 人际环境影响人的行为和观念

课堂讨论

如果你负责一个品牌的城市落地活动，需要在每个小区做现场活动，但是工作人员有限，无法一次性开展活动，你会选择以何种方式开展活动？

（1）随便选择一个小区开展活动。

（2）围绕一个片区，一个小区一个小区地开展活动。

个人所处的人际环境同样会影响个人的行为和观念。

心理学家认为，人们对人际暗示的敏感度比对环境暗示的敏感度高。大多数人看起来性格稳定，那是因为他们能够很好地控制他们所处的环境。而事实上，人们并不总是能够很好地控制自己所处的环境，人们要与不同的人交流信息，要生活在不同的群体中。一旦人们在群体中生活，就很容易受到影响。群体内的人更容易丧失自我个性，而形成群体性的规范和价值观。心理学家古斯塔夫·勒庞将这样的现象称为心理群体。

心理群体具有传染性。在群体中，任何情绪、任何行为都具有传染性。同理，当有一个信息需要被引爆，我们首先应该考虑在同一个群体当中进行相关的品牌传播活动。在选择群体时，在资源有限的基础上，可以以一个地理位置为出发点逐步辐射邻近的地方。当同一个群体中的人开始讨论与品牌相关的信息的时候，广告信息就已经在人际环境中被自发地传播了。如果在不同的城市各自选一个小点传播，则很难做到依靠人际环境产生影响。

3. 150定律

如果让你短时间内记住新同学的名字，你最多能够记住多少个？数年前，心理学家乔治·米勒曾经得出研究结论，大部分人最多只能记住七个。

认知心理学里有一个概念叫作"通道容量"，它是指我们的大脑在接收某些信息时所具有的记忆空间。人类的大脑一次只能加工一定量的信息，超过了范围大脑就无能为力了。另外，不仅在智力上有通道容量，社交中同样有通道容量。

罗宾·邓巴是一名人类学家，他研究了各种不同形态的原始社会，并发现原始村落中的人数大约为150名。现在许多人在城市生活，但是依然遵循相关规律。罗宾·邓巴让一些居住在城市的人列出一张与其有交往的所有人的名单，结果他们名单上的人数大约为150人。

这就是著名的"150定律"，也叫"邓巴数字"，该定律指出人的大脑提供的认知能力只能使其与大约150个人维持稳定的人际关系。

150人是一个人的社交人数上限，一旦超过150人就很难形成有效的人际影响。这个数字同样被用在很多领域，如企业人力资源管理。在人数为150人左右的群体内更容易产生心理群体，传播的信息更容易被引爆。营销活动中，千万不要忽视群体的力量。

📋 文案实战训练

> 你能影响多少人，又能被多少人影响？你的微信、小红书、抖音账号上分别有多少个好友？

【项目实训】 新媒体文案传播实战训练

（1）要拟定一款板栗的品牌名，可选名称如下，请指出这些名称分别采用的是什么命名方法。

① 举个栗子。

② 悟空板栗。

③ 妙师傅。

（2）如果要分别给以上三个名称做商标设计，你会设计成什么样子？

① 举个栗子，设计成：＿＿＿＿＿＿＿＿。

② 悟空板栗，设计成：＿＿＿＿＿＿＿＿。

③ 妙师傅，设计成：＿＿＿＿＿＿＿＿。

（3）如果要给板栗写一条广告语，需要突出板栗好吃、新鲜现炒最好，你会如何写？请运用以下方法，分别写一条广告语。

① 口语化的广告语：＿＿＿＿＿＿＿＿。

② 有号召力的广告语：＿＿＿＿＿＿＿＿。

③ 融入品牌价值的广告语：＿＿＿＿＿＿。

④ 具有品牌联想场景化诱因的广告语：_____。

（4）为了推广这款板栗，现在需要你写一篇软文。以下标题分别运用了什么方法？

① "这款板栗很酷，每个板栗都有不同表情"。

② "真正懂得吃的'吃货'，都用这7点来选板栗"。

③ "快来比拼，我一分钟能吃下10个板栗，你呢"。

④ "这款新品的包装如何做？你来决定"。

项目六
不同社交媒体的特征及内容策划

【学习目标】

- 了解社交媒体的特点。
- 理解新浪微博、微信、抖音、小红书的特点及广告方式。

【能力目标】

- 能够根据重点社交媒体平台的特点撰写文案。
- 具备整合多平台资源、策划跨平台传播活动的能力。

【素养目标】

- 树立数据驱动的传播思维。
- 培养对社会热点信息的敏感度，拒绝盲目追热点。树立用户导向思维，以共情为基础，打造引发情感共鸣的内容。

任务一　社交媒体的特点

课堂讨论

你需要购买一款笔记本电脑，除了搜索网络相关测评，你会去社交媒体上查找笔记本电脑的口碑和其他用户的反馈吗？为什么？

社交媒体已经深深地植入大部分年轻人的生活，而企业的营销广告也同样被社交媒体改变。

社交媒体放大了口碑效应。社交媒体让消费者能更自由地发布个人观点，虽然口碑宣传一直很重要，但在以往，口头传播局限于小范围的人际关系，而借由社交媒体，每一个关于企业的观点都很有可能给企业带来深远影响。

社交媒体改变了消费者的购买决定方式。大部分消费者在用社交媒体了解其他消费者的体验，寻找关于品牌、产品或服务的更多信息，从而决定是否购买。

基于人际关系及精准营销的广告更容易被接受。尽管尼尔森社交媒体报告说明，大约有三分之一的社交媒体用户表示，在社交媒体上发现广告要比在其他地方看到广告更生气，但调查结果显示：社交媒体存在与消费者互动的机会；超过四分之一的消费者表示，他们更可能关注自己好友所分享的广告；另外还有超过四分之一的消费者表示愿意在社交媒体中看到为他们量身定做的广告。

课堂讨论

说一说你常用的三个社交媒体，你使用这三个应用的主要目的分别是什么？

《微信生活白皮书》曾形象地描述了一个典型用户的一天，如图6-1所示。

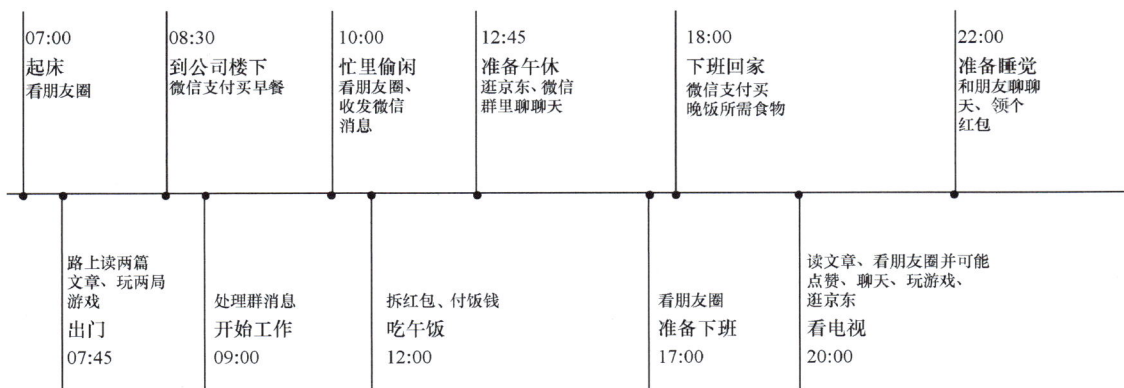

07:00 起床 看朋友圈	08:30 到公司楼下 微信支付买早餐	10:00 忙里偷闲 看朋友圈、 收发微信 消息	12:45 准备午休 逛京东、微信 群里聊聊天	18:00 下班回家 微信支付买 晚饭所需食物	22:00 准备睡觉 和朋友聊聊 天、领个 红包
路上读两篇 文章、玩两局 游戏 出门 07:45	处理群消息 开始工作 09:00	拆红包、付饭钱 吃午饭 12:00		看朋友圈 准备下班 17:00	读文章、看朋友圈并可能 点赞、聊天、玩游戏、 逛京东 看电视 20:00

图6-1 《微信生活白皮书》描述的一个典型用户的一天

在新浪微博数据中心发布的《微博用户发展报告》中，用户使用微博的时间与使用微信的时间几乎一致。由此可以推断，用户使用社交媒体的时间几乎一致，并且会因为生活习惯，在一天中出现几个使用社交媒体的小高峰，如7:45、10:00、17:00、20:00、22:00。

中国互联网络信息中心在《中国社交应用用户行为研究报告》中指出，社交媒体整体表现为用户黏性强，用户使用目的主要为社交及获取资讯，而在人群的特征上则表现为男女相对均衡，较为年轻化（40岁以下用户占82.5%，其中：19岁及以下的用户占26.3%；20～29岁的用户占32.9%；30～39岁的用户占23.3%），月收入为3 001～5 000元者较多，等等。

以上数据给新媒体文案工作带来以下启示。

1. 选择用户黏性强的时间段发布文案

可根据用户的不同需求分时段发布文案，如早上7:45，大部分人可能在上学、上班的路上，此时可发布励志口号类信息或与早餐相关的信息等。

2. 根据用户使用目的创作文案

品牌方要让自己的文案信息能够成为用户的社交货币，并且能够为用户提供实用的内容。如一个卖花的品牌，可以跟自己的用户分享如何插花才好看、基本的花卉品种及搭配技巧等。

3. 合理选择文案的语言风格及说服策略年轻化

和一个小孩沟通，要用孩子的语言，而和年轻人沟通也同样需要用年轻人的语言或当下热门的网络用语。当然，语言风格也由品牌自身的风格决定。若品牌生产的产品主要针对老年人，但老年人上网较少，品牌又需要在新媒体平台上进行推广，则可考虑将推广策略调整为针对年轻人的说服策略，说服年轻人购买产品给自己的长辈。

任务二　重点社交媒体的特点及广告方式

虽然社交媒体平台的人群有一定共性，但每个媒体都有自己独有的特征及广告方式。微博偏重兴趣信息的获取及分享；而微信、QQ偏重沟通，其中微信偏重熟人关系链上的沟通，QQ则更多的是年轻人认识新朋友的社交平台；抖音则侧重于短视频分享；小红书则是年轻人购物、旅行等场景中的意见参考地。以下介绍几种常见的社交媒体平台的特点及广告方式。

一、新浪微博的特点及广告运用功能

新浪微博（也称微博）一直是各类重大新闻事件的热门讨论平台。微博的主要特点为辐射人群范围广、传播快速、内容简短、更符合碎片化阅读特性。

企业一般自建主页，注册建立自己的品牌官方微博，微博的广告运用功能如图6-2所示，可发布文字内容，可插入表情、图片、视频、话题、头条文章等，还可运用直播、点评、定时发等功能。

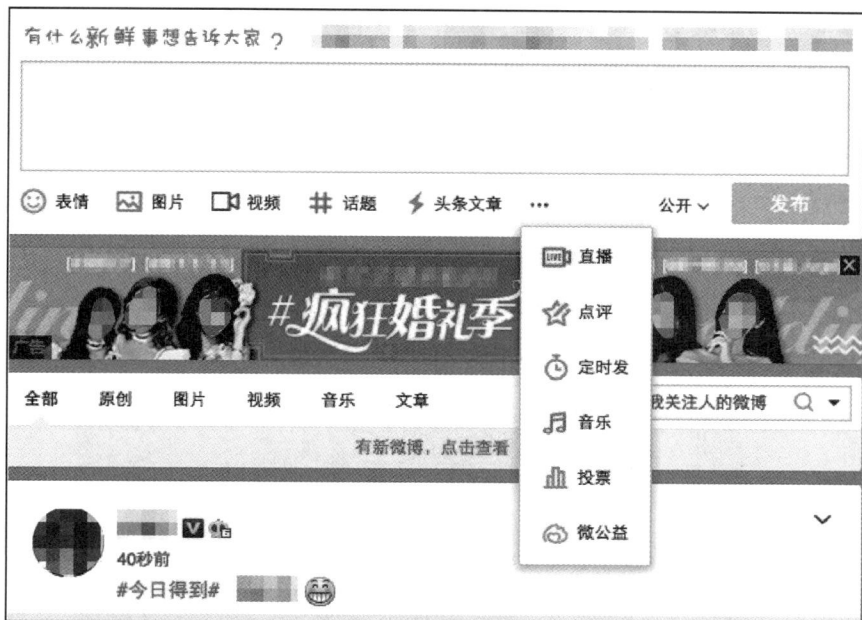

图6-2　微博的广告运用功能

（1）发布微博动态。品牌发布微博动态时可附图、附视频。发布微博动态为微博最常见的广告运用功能。如百事中国的微博动态，如图6-3所示。

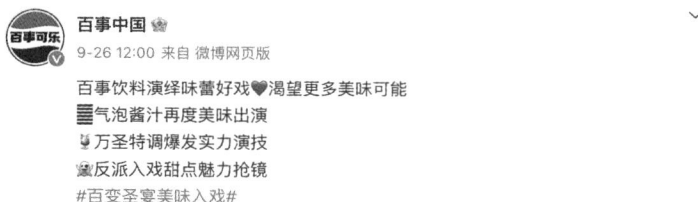

图6-3　百事中国的微博动态

当然，不仅可发布微博动态，还可利用提醒（@）好友及转发的功能，做转发有奖的活动，图6-4所示为可口可乐的转发有奖活动。开展此类活动可以为品牌官方微博账号吸引"粉丝"是品牌扩大传播影响力常用的方式。

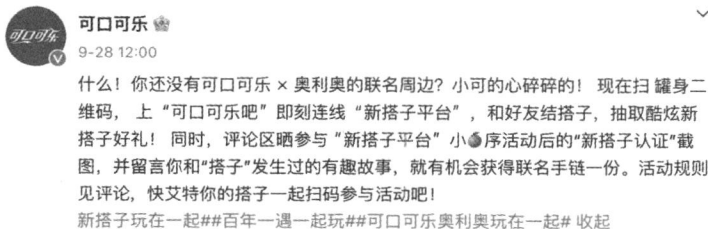

图6-4　可口可乐的转发有奖活动

一般而言，企业微博的运营者会规划每天发布动态的数量，以求在不同时间段保证品牌曝光量。动态内容有不同的分类，如实用性、情感性、互动性、产品或服务广告等，运营者应从不同的方面让"粉丝"能够看到账号内容，并促进"粉丝"互动，将账号内容分享转发出去。

（2）发布头条文章。品牌如果需要传达的信息较多，则用头条文章的形式发布。文章的形式可方便微信公众号同步转发。

（3）设计企业主页背景图。微博主页一般有默认背景图可选，但品牌完全可以自行设计主页背景图，让背景图不仅成为企业的品牌形象，更成为宣传产品或服务的广告图，品牌还可根据节假日及品牌相关活动做对应的图片设计。肯德基的官方微博有效设计了主页背景图，使其成为企业的广告位，如图6-5所示。

（4）设计企业主页轮播图。图6-5中的代言人形象广告图即为主页轮播图，可用多张图片进行滚动轮播，并且可通过广告图片添加购买链接，便于用户跳转到官方网站或其他电商平台。

图6-5　肯德基官方微博主页背景图

📋 文案实战训练

如果你是肯德基的微博运营者，需要告知用户"闻鸡起舞"新春全家桶新品上市这个消息，一天需要发布五条相关的微博动态，你会选择在哪些时间点发布哪些内容？请填写表6-1。

表6-1　微博动态发布时间及内容规划

发布时间	发布内容	内容要求
		具有实用性，看到该内容，用户会觉得获得了知识
		具有情感性，能够勾起用户的相关记忆，引起共鸣
		具有趣味性，用户看到该条内容觉得有趣，忍不住想转发
		要求产品一定要出现
		能够引导用户立即下单，忍不住购买（可加促销活动）

二、微信的特点及微信公众号的广告运用功能

微信相对于微博来说，更侧重私人之间的交流和互动，其信息的消化率更高。

微信的信息到达率为100%，只要用户在微信上关注了对应的公众号，则该公众号发布的信息都能够被用户接收到；在微博上发布的信息则更容易被忽略。企业在做微信营销时，主要运用微信公众平台。微信公众平台的广告发布条数是有限的，目前微信公众平台分为订阅号、服务号和企业号，其中，订阅号每天可推送一次消息，而服务号则每月只能推送四条信息。微信公众号的常用广告运用功能包括图文消息、图片/文字、视频消息、音频消息、直播、转载，如图6-6所示。

图6-6　微信公众号首页截图

（1）图文消息。图文消息相当于可配图、配视频的文章，可以在"素材管理"中建立图文消息。该功能为微信公众号的常用功能，方便用户分享转发。

图文消息主要分为单图文和多图文。单图文即一次只推送一篇图文，多图文则为一次推送多篇图文（最多可推送八篇图文），如图6-7所示。

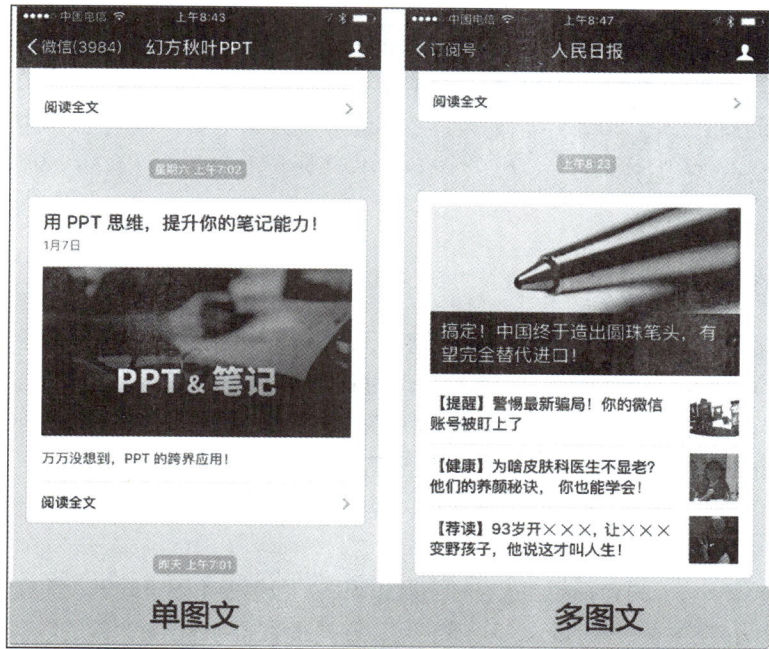

图6-7　单图文及多图文效果

通常来说，对于同一个账号，单图文的优势是信息聚焦，点击率更高，用户不用过多考虑；多图文则常用在需要表达的信息较多，且信息分类有所不同时，缺点是用户需要在多个图文中有选择地阅读，每个图文的点击率和阅读量较单图文会低一些。

图文消息包含标题、主图、摘要、正文。在单图文中，标题、主图及摘要会优先呈现给用户。

标题、主图、摘要影响用户点击的意愿，因此新媒体文案人员应重视这三项内容，而正文则决定了用户是否愿意分享。

（2）文字。微信公众号支持一次推送600字。一般而言，需要传达紧急消息的时候可采用直接推送文字的形式。文字较图文信息更直接，用户打开关注的微信公众号账号即可直接看到所有内容，较为方便，但若文字太多，对用户来说则是负担。

（3）图片。微信公众号支持一次推送一张图片，一般用于发布活动提醒、新品发布倒计时、节假日问候等。

（4）音频消息。微信公众号支持推送60秒语音。如"罗辑思维"的每天60秒语音，让人能够直观地感受到品牌的温度。对不方便看图文的人来说，可以在做其他事情的时候顺便听听语音；但是对不方便听语音的人来说，会失去一次接收信息的机会。一般来说，企业较少用音频消息的形式来传播信息。

（5）视频消息。视频的表现方式更生动，但如果直接推送一个视频，对用户来说略显突兀，常用做法是在图文中附上视频，用标题、主图、摘要吸引用户点击查看。

课堂讨论

如果你是空气净化器公司的新媒体文案人员，现需你推送一条信息告知用户以下内容：

（1）新推出的空气净化器可净化95%的雾霾；

（2）最近雾霾较为严重，需要严加防范；

（3）今天购买新款空气净化器赠送防雾霾口罩。

请在图文消息、文字、图片、音频消息、视频消息的形式中选择一种形式来传达以上信息，并呈现出来。

三、抖音短视频的特点

抖音是一款音乐创意短视频社交软件，该软件于2016年9月上线。用户可以通过这款软件选择歌曲，拍摄短视频，形成自己的作品。抖音现已成为多类型短视频平台。

截至2024年9月，抖音日活跃用户数已突破7亿。

抖音短视频内容具有时长短、碎片化，内容丰富多样，感染力强的特点。

（1）时长短、碎片化。抖音视频时长通常较短，一般在15秒到几分钟，适合用户在碎片时间内浏览，如等公交、排队时。

（2）内容丰富多样。抖音视频涵盖各种主题和领域，包括但不限于娱乐、美食、旅游、音乐、时尚、知识科普、技能教学、生活记录等。人们可以在抖音上找到自己感兴趣的内容。

（3）感染力强。抖音视频融合了文字、图像、音乐等元素，能够生动、形象地展示信息，使用户更易理解和接受。一些具有搞笑幽默、惊险刺激等特点的内容，容易吸引用户的注意力并引发情感共鸣。

由于抖音平台具有娱乐性，广告文案的特点也会有所偏向。抖音短视频文案仍然可用4P（描绘、承诺、证明、敦促）框架写作。不论是在哪种媒体平台，只要是销售产品或服务的文案，均可使用4P框架。在抖音短视频中，需要配合画面、背景音乐、字幕来展现文案创意。

文案实战训练

请为一款浓度为75%的酒精消毒喷雾撰写一篇抖音短视频文案，突出该喷雾杀菌能力强的卖点。要求：运用4P框架，内容尽量生动有趣。

四、小红书特点及内容营销组合

小红书是一个生活方式平台和消费决策入口。2013年，小红书成立，从最初的提供精品海淘攻略，发展到帮助女性变得更美，通过美妆、时尚等内容聚拢了首批种子用户。目前，小红书内容品类扩展至多元生活场景。

1. 小红书的三个特点

小红书有三个特点：用户年轻有活力、社区氛围浓厚、内容多元化且精准分类。

（1）用户年轻有活力。2024年，小红书月活用户有3亿人，其中50%的用户为"95后"，35%的用户为"00后"；50%的用户来自一、二线城市；男女比例为3:7。他们追求时尚、注重生活品质，具有较强的消费意愿和能力，对各类产品和服务的接受度高，是众多品牌的目标用户。例如，在美妆、时尚、健身、旅游等领域，年轻用户积极探索新的产品和潮流趋势，并乐于分享自己的使用体验和心得。

（2）社区氛围浓厚。菲利普·科特勒提出的人对人（Human to Human，H2H）营销模式，强调人与人之间的互动和口碑传播在营销中的重要性。小红书构建了一个以分享和交流为核心的社区环境，就是典型的H2H。目前小红书90%的内容来自UGC，拥有超过8 000万的分享者。用户之间通过点赞、评论、私信等互动方式建立起紧密的联系。这种社区感使得用户倾向于信任其他用户的推荐和分享，形成了口碑传播的一种良好生态。比如，当一个用户分享了一款好用的护肤品后，其他有相同需求的用户会积极参与讨论，询问使用细节，甚至直接购买同款产品。小红书天然社区氛围如图6-8所示。

（3）内容多元化且精准分类。小红书平台涵盖了丰富多样的内容，从时尚穿搭、美妆护肤到美食探店、家居生活、旅行攻略、母婴育儿等。并且，小红书的分类标签十分精准，用户可以根据自己的兴趣和需求快速找到相关内容，品牌也能精准地定位目标用户群体。例如，一个户外运动品牌可以在"运动健身""户外探险"等分类下找到潜在用户，并投放有针对性的广告内容。

2. 小红书独特的内容营销组合

小红书有一套KFS内容营销组合，通过KOL（关键意见领袖）、Feeds（信息流）和 Search（搜索）的组合，实现品牌的科学营销，高效"种草"。

（1）KOL包括头部、腰部、尾部KOL。

① 品牌与头部 KOL 合作，奠定品牌基调与话题热度。头部KOL"粉丝"众多、影响力大，能使品牌迅速成名。如时尚界，与知名博主合作展示新款服装，借其时尚引领力与"粉丝"号召力，让品牌快速走入大众视野。头部KOL以品牌产品融入穿搭视频、时尚大片，讲述品牌故事，激发

"粉丝"购买欲。

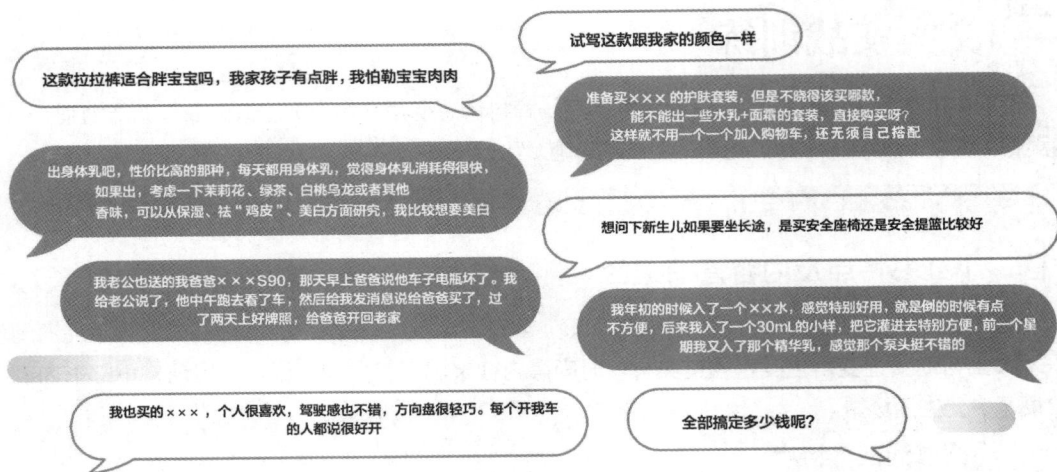

天然社区氛围，普通人帮助普通人

> 这款拉拉裤适合胖宝宝吗，我家孩子有点胖，我怕勒宝宝肉肉

> 试驾这款跟我家的颜色一样

> 准备买×××的护肤套装，但是不晓得该买哪款，能不能出一些水乳+面霜的套装，直接购买呀？这样就不用一个一个加入购物车，还无须自己搭配

> 出身体乳吧，性价比高的那种，每天都用身体乳，觉得身体乳消耗得很快，如果出，考虑一下茉莉花、绿茶、白桃乌龙或者其他香味，可以从保湿、祛"鸡皮"、美白方面研究，我比较想要美白

> 想问下新生儿如果要坐长途，是买安全座椅还是安全提篮比较好

> 我老公也送的我爸爸×××S90，那天早上爸爸说他车子电瓶坏了。我给老公说了，他中午跑去看了车，然后给我发消息说给爸爸买了，过了两天上好牌照，给爸爸开回老家

> 我年初的时候入了一个×××水，感觉特别好用，就是倒的时候有点不方便，后来我入了一个30mL的小样，把它灌进去特别方便，前一个星期我又入了那个精华乳，感觉那个泵头挺不错的

> 我也买的×××，个人很喜欢，驾驶感也不错，方向盘很轻巧。每个开我车的人都说很好开

> 全部搞定多少钱呢？

图6-8　小红书天然社区氛围

② 组建腰部 KOL 矩阵，深度渗透与精准触达。腰部 KOL 虽"粉丝"量逊于头部KOL，但在特定领域专业性强、"粉丝"黏性高。以美妆品牌为例，品牌与专注底妆、眼妆等不同细分领域的腰部 KOL 合作，创作专业评测与教程，以满足"粉丝"对美妆知识的深度需求，在细分群体中广泛传播品牌。因腰部KOL与"粉丝"互动紧密，可提高品牌转化率。

③ 利用尾部 KOL 铺量，广泛覆盖与口碑积累。尾部 KOL 数量庞大，单个KOL影响小却分布广泛。生活方式类品牌可与众多尾部 KOL 合作，分享产品日常使用体验，如用家居清洁品打造舒适环境、制作下午茶等。这些真实、贴近生活的内容以量取胜，逐步树立品牌的良好形象，为品牌长期发展筑牢根基。

（2）信息流投放策略。信息流广告是一种穿插在社交媒体、资讯媒体等内容流中的广告形式，它依据用户数据进行精准推送，和平台原生内容形式相似，可达到高效曝光、精准触达目标用户的营销目的。

信息流能够帮助品牌将广告精准地推送给目标用户，品牌投放广告前需明确目标用户画像并以此设置参数，如某健身器材品牌的目标用户年龄为 20 ~ 45 岁，对健身有兴趣，在一、二线城市居住且有健身习惯的用户。

（3）搜索投放策略。搜索投放是指品牌依据产品或服务的内容、特点等确定关键词，撰写广告内容并自主定价，在小红书的搜索结果页面进行定向投放，以获取更高曝光量和点击量，以精准触达潜在用户的一种广告投放方式。

在用户端搜索对应关键词，会看到一部分品牌投放的关键词广告。品牌在做搜索投放时，应重点关注关键词优化。关键词优化即品牌研究目标用户可能使用的搜索词，如品牌词、产品词等，并合理布局于笔记中。以美白精华液为例，关键词有 "美白精华""××（品牌名）美白精华" 等，品牌优化关键词后可提升搜索排名与增加曝光机会。

3. 小红书产品全生命周期解决方案

产品所处阶段不同，在小红书上的营销策略也不同，一般产品生命周期分为四个阶段：引入期、成长期、成熟期、焕新期。小红书产品全生命周期策略如图6-9所示。

	产品引入期	产品成长期	产品成熟期	产品焕新期
关键策略	**对** 产品对，人群对，沟通对	**快** 人群快速打透，赛道快速占领	**拓** 拓人群，拓场景，购买提频	**新** 产品创新，打法创新
关键动作	快速测品、测内容，验证产品力，找对目标圈层和沟通场景	锁定核心赛道和目标人群，在对的方向上快速打透	触达兴趣人群和潜在人群，挖掘新的使用场景	寻找换品契机或发现未被用户认知的卖点
关键指标	各环节转化效率 用户口碑	目标人群渗透率 赛道排名	AIPS人群资产规模 市场占有率	拉新规模 主动搜索和提及量、用户口碑
关键KOL	测评博主和卖点匹配博主	目标人群偏好的博主 影响力博主	跨品类优选博主	趋势博主、创新博主
关键支持	【灵犀-营销洞察】 产品测品和投放测试	【灵犀受众分析】 KFS、直播、电商转化	【灵犀-营销洞察】 KFS+IP场景拓展+品牌广告脉冲	【灵犀-营销洞察】【新品共创】KFS/IP

图6-9　小红书产品全生命周期策略

（1）引入期。此阶段产品初入市场，仿若新生。用户对该产品缺乏认知，企业面临高成本与低销量的夹击。关键策略在于 "对"，精准定位产品核心价值，锁定目标用户并有效沟通。如某新兴智能手表，深入剖析年轻运动爱好者与"科技控"需求，借助专业科技博主传递其精准运动监测、智能交互等卖点。关键动作包括快速测品、测内容，验证产品力，找对目标圈层和沟通场景，如在科技论坛、运动社群小范围测试推广。关键指标为各环节转化效率与用户口碑，以良好的口碑作为产品后续发展的基石。关键 KOL 为测评博主和卖点匹配博主，借助他们精准触达潜在用户。

（2）成长期。产品在此阶段如茁壮成长的幼苗，逐渐被市场接纳，销售增长显著。用户规模持续扩大，竞争也接踵而至。关键策略为 "快"，快速渗透目标用户，占领所在赛道。以某咖啡品牌为例，在成长期于写字楼、商场等人流量大且目标用户集中处大力推广，通过与生活方式类影响力博主合作，加速品牌传播。关键动作是锁定核心赛道和目标人群，在对的方向上快速打透。关键指标为目标人群渗透率与赛道排名。关键KOL为目标人群偏好博主和影响力博主。

（3）成熟期。产品步入成熟期，市场份额难有大幅波动，销售增长渐趋平缓。用户熟知产品，市场同质化竞争激烈。关键策略是"拓"，拓展人群、场景并增加购买频次。例如某知名牙膏品牌，在成熟期将目标用户从大众口腔护理人群，拓展至儿童、老人等细分人群，将使用场景从日常刷牙延伸至口腔保健、牙齿美白等特殊需求场景，推出组合装提高用户购买频次。关键动作在于挖掘兴趣人群与潜在人群，开辟新场景。关键指标为 AIPS[1] 人群资产规模与市场占有率。关键KOL为跨品类优选博主。

（4）焕新期。在焕新期，产品面临销售下滑困境，市场需求萎靡，消费者转向替代品，产品需创新或转型。关键策略为 "新"，进行产品创新与打法创新。如某传统零食品牌，在焕新期推出低糖、健康新口味，采用社交媒体互动营销、跨界联名等新玩法。关键动作是探寻换品契机与未被用户认知的卖点。关键指标为拉新规模、主动搜索和提及量与用户口碑。关键KOL为趋势博主和创新博主。

1　AIPS即认知（Awareness）、"种草"（Interest）、购买（Purchase）、分享（Share）的英文大写首字母组合。

根据产品所处的生命周期阶段，品牌应采用不同的营销策略，才能让产品更好地被推广。

拓展阅读

搜索"小红书'种草'营销方法论"，学习小红书"种草"营销方法。

【项目实训】国货美妆品牌小红书推广策划实战训练

假设你是某新兴国货美妆品牌（品牌自选或自拟）某款产品的社交媒体运营专员，现需要考虑在小红书上做文案推广，请你做具体的内容策划。

实战训练要求

（1）选择一款国货美妆品牌的特色产品，深入了解该产品的特色。

（2）找到同类产品在小红书的推广文案并分析。

（3）写出内容策划，包含产品特色、基于产品特色的文案表达方向、选择的博主类型和推广方向，以及对应的内容投放节奏。

（4）班级内分组进行展示。

项目七
直播文案策划思路与技巧

【学习目标】

- 了解影响直播效果的文案模块。
- 掌握直播欢迎文案的设计要素。
- 掌握产品介绍文案的策划公式。

【能力目标】

- 具备掌握产品介绍文案、直播促单转化文案撰写技巧的能力。
- 能够熟练撰写直播互动文案。

【素养目标】

- 创新才能把握时代、引领时代，提升自己的文案运用能力。
- 拓宽眼界，深刻洞察人类发展进步的潮流，将其融入直播文案。

7

任务一 文案决定成果：影响直播效果的五个文案模块

一场有销量、有人气的直播，虽然与前期宣传、产品组合、场景搭建等诸多要素有关，但起到决定性作用的往往是直播脚本。好的直播脚本，可以让主播从容不迫地分享与互动，并不断地提升直播间人气。

例如，2023年4月，央视新闻、总台浙江总站等联合推出"共富行动，'县'在出发"带货直播专场，如图7-1所示。在直播间里，主播时而抛出"小牡蛎带动百亿大产业"等金句，时而发出"他们都说我学富五车，其实也就汗牛充栋"等感慨，持续吸引用户注意力。短短4个小时总销售额超3 438万元，其中，销售额超百万元的商品达11个。

图7-1 "共富行动，'县'在出发"带货直播专场

不过在设计脚本时，运营者需要认识到：直播脚本与传统脚本有着明显的差异。

传统脚本（如影视剧脚本、短视频脚本等）往往会按照时间顺序设计，随后依次拍摄与演绎，如表7-1所示。

表7-1 抖音短视频脚本（部分）

序号	画面	文案内容	时间
1	人物特写	文案总是改来改去，没有思路怎么办	0～3s
2	屏幕录像	这些"爆款"文案，都是这样设计出来的	4～5s
3	人物特写	首先，你要思考文案受众——用户最关心的是什么	6～8s
……	……	……	……

而直播具有不可预测性和即时互动性，直播间随时会出现新的用户和新的评论，主播无法完全按照预设的剧本推进。因此，直播脚本（见表7-2）需要先进行模块化设计，随后在直播过程中根据现场情况，演绎对应的模块。

表7-2　某汽车品牌直播脚本（部分）

模块名称	序号	文案内容
产品介绍	1	我们今年刚刚改款的车型，乘坐空间变得特别大！你看，我一米八的身高，坐在后排都能跷二郎腿了
	2	更新换代后的长轴距版车身的长度是4 865毫米，毫无疑问，这辆车的气场将比上一代更加强大
	3	有没有小伙伴开车时，误触过按钮？我们的新款车中和操控相关的元素都偏向了驾驶员一侧，而且都采用物理按键，适合"盲操作"，误触概率特别小
	……	……
促单转化	1	今天在直播间拍下购车券，立享5 000元购车补贴
	2	凡是今天咨询并且到店的伙伴，都可以领取到店礼
	3	已经拍过的伙伴，可以在评论区告诉我们，我们给你备注
……	……	……

一份完整的直播脚本，主要包括五个文案模块：直播欢迎文案、产品介绍文案、直播促单转化文案、直播互动文案和直播应急文案。

1. 直播欢迎文案

直播欢迎文案是用户进入直播间后首先接触到的信息，它关乎用户对直播的第一印象。友好的欢迎语、福利的预告，以及简短的直播介绍，都能让用户感受到主播的热情和诚意，从而愿意继续观看。示例如下。

今天是中秋节，各位小伙伴没有看晚会，而是来到我的直播间听课。非常感谢大家！大家可以在评论区发一波"比心"，给不断成长的自己比个心，好不好？

2. 产品介绍文案

产品介绍文案是直播中的核心部分，它直接关系到用户的购买意愿。主播需要清晰、准确地介绍产品的特点、优势和使用场景，同时结合实际演示或案例，让用户对产品产生浓厚的兴趣和信任。示例如下。

这款面包外皮酥脆，内里柔软，带着天然的麦香和淡淡的咸味。我们采用传统工艺，慢发酵，让面包更加健康、易消化，同时保留了纯粹的面包风味。早餐时，一杯咖啡或者豆浆，都是很好的搭档。

3. 直播促单转化文案

直播促单转化文案旨在激发用户的购买欲望，促使其尽快下单。主播可以通过赠送福利、满减活动等方式促单，但需同时强调产品的性价比和售后保障，消除用户的顾虑。示例如下。

我们这款产品，在门店里卖899元，今天在直播间我们给大家争取到两折后的价格，明天再买的话就不一定是这个价格了。

4. 直播互动文案

直播互动文案是主播与用户沟通的重要桥梁，它关乎直播间的氛围和用户的参与度。主播可以通过提问、设置话题、发起挑战等方式，引导用户积极参与互动，同时用文案回应用户的评论，增强直播间的互动性。示例如下。

刚才说到这件衬衣的6种颜色，大家喜欢哪种颜色？评论区出现最多的，我让模特穿上给大家看看效果，怎么样？

5. 直播应急文案

直播过程中难免会遇到各种突发情况，如网络中断、设备故障等。这时，主播需要迅速反应，运用应急文案安抚用户情绪，并告知接下来的安排。优秀的应急文案能够化解尴尬，保持直播的连贯性和专业性。示例如下。

哎呀，现在直播间出现了一点小问题，大家只能听到我的声音，看不到画面了。大家别急，技术小哥正在火速抢修。为了补偿大家，等画面一回来，我就给大家揭晓一个超级大惊喜，保证让大家觉得今天的等待物超所值，所以千万别走开！

常见的直播突发情况及对应文案如表7-3所示。

表7-3　常见的直播突发情况及应对文案示例

突发情况	应对策略	应对文案示例
技术故障	一边排查，一边稳定	家人们，由于网络波动，目前直播出现短暂卡顿，我们正在紧急处理，请大家稍等片刻，精彩继续！同时，不妨在评论区猜猜看，接下来我们会带来什么惊喜
内容错误	承认错误，立即更正	刚才提到的信息有误，正确的应该是……（更正信息），小×在这里给大家道歉。不过还好，我们的产品还没开始卖。大家倒数5个数，我们准备"上车"
观众质疑	亮出证据，诚恳回应	我看到有伙伴在问："主播吃得那么开心，万一我收到之后不喜欢，怎么办？"哈哈，我给你看5张截图，都是之前买过的伙伴的评论；另外，如果我们的产品确实不合您的口味，没关系，我们支持7天无理由退货
恶意刷屏	重申规则，幽默化解	哎呀，咱们直播间今天真是热闹非凡啊！不过，主播这里要插个话——咱们直播间有个小小的规矩，就是不能恶意刷屏，就像咱们去别人家做客，得讲礼貌对不对？主播理解你的热情，但是咱们得给其他小伙伴留点空间，不然大家都看不清主播了，哈哈哈

任务二　直播欢迎文案的三个核心元素

当你路过一家饭店时，店员面带微笑地说："您好，欢迎光临，里边请！我们今天有新品好菜，您可以尝尝。"随后，你大概率会因为热情洋溢的服务而进店消费。

同样，当用户在手机上刚好看到某个直播间时，精心设计的欢迎文案可能会迅速抓住用户的注意力，促使其愿意停留在直播间。

直播欢迎文案包括三个核心元素：问好、介绍和引导，如图7-2所示。

图7-2 直播欢迎文案的核心元素

1. 问好

常规的直播间问好，往往是："大家好，欢迎来到我们的直播间。"在此基础上，主播可以尝试与热点关联、与人群关联、与场景关联。

第一，与热点关联。与热点关联即与热门节日、热门事件等结合，让问好更具有即时性。示例如下。

各位伙伴，端午小长假的第一天，我在直播间给大家问好！你们都出去玩了吗？还是像我一样继续上班？不管怎样，记得吃粽子，也可以在咱们直播间里聊聊"甜咸之争"！

第二，与人群关联。主播可以根据用户的特点或兴趣来设计问候语，增加亲切感和归属感。示例如下。

嘿，所有爱好美妆的女生，欢迎来到你们的美丽小天地，今晚我们一起解锁新妆容，你准备好了吗？

第三，与场景关联。主播可以根据直播的具体环境或背景来设计问候语，使用户身临其境。示例如下。

晚上好，各位探险家们，我现在正站在这座古老城堡的大门前，欢迎加入我们的探险之旅，一起揭开它的神秘面纱吧！

2. 介绍

用户进入直播间后，会马上思考："这是什么直播间？在卖什么？我要不要离开？"因此，主播需要思路清晰地进行直播间介绍，重点是进行产品介绍与福利介绍。

第一，产品介绍。由于直播过程中会预留专门的时间讲解产品，此处的产品介绍只需要用简洁明了的语言，概括出产品特点、优势及适用场景。示例如下。

今晚，我给大家带来的是，我们精心挑选的××品牌新款护肤套装。它蕴含天然植物精华，温和不刺激，特别适合敏感肌的朋友。无论是日常保湿还是换季护肤都适用！

第二，福利介绍。俗话说"无利不起早"，主播可以提前告知折扣、赠品、抽奖等信息，吸引用户停留。示例如下。

为了感谢大家的支持，今晚直播间前100名下单的朋友，将额外获得我们准备的神秘小礼物一份！而且，整点还有免单大奖等你来拿，千万不要错过！

3. 引导

当一位新用户进入直播间后，未必会直接下单。因此，主播可以引导其先关注账号或者加入"粉丝"团，在后续直播中逐步转化。常见的引导方法如下。

（1）引导关注账号。示例如下。

新来的小伙伴们，如果喜欢我们的直播内容，记得点下关注，这样就不会错过我们每一次的精彩直播啦！

（2）引导加入"粉丝"团。示例如下。

大家可以点亮屏幕上的这个小灯牌，加入我们的"粉丝"团，接下来会有专属的福利！

（3）引导分享直播间。示例如下。

觉得直播内容不错的朋友们，欢迎将直播间分享给你的亲朋好友，让更多人一起加入我们的欢乐大家庭！

（4）引导预约下次直播。示例如下。

我们这周连续5天有不同主题的直播，你需要的秋冬季衣服、早餐面包、清洁湿巾等都有，大家可以先点一下屏幕上的"预约"，不错过每一次超值优惠！

除了以上三个核心要素，运营者还需要特别注意：欢迎文案不仅仅应用在直播开场。由于直播过程中会不断有新用户进入直播间，主播需要每隔5~10分钟进行一次欢迎。

课堂讨论

假设你是一家文具用品企业的直播策划人，请尝试填写表7-4，并现场演绎。

表7-4　直播开场文案设计表

元素	文案内容
问好	
介绍	
引导	

任务三　产品介绍文案的策划公式及应用技巧

直播带货的核心是产品，因此运营者需要花时间打磨产品介绍文案，让直播间用户了解产品特点、产生购买兴趣。

思考：以下哪个产品介绍文案，更让你对产品感兴趣？

文案A：今天给大家带来的这款服装，面料是纯棉的，非常透气舒适。尺码从S到XXL都有。另外，这个领口也做了特别处理，高度适中。

文案B：今天我要给大家"种草"一款超级棒的服装！首先，这款衣服的面料是精选的纯棉面料，穿在身上就像被云朵包裹一样，轻柔又透气。尺码方面，我们准备了从S到XXL的尺码，无论你是娇小型还是高挑型，都能找到适合自己的尺码。更重要的是，这款衣服的设计超有亮点！你们看，这个领口的设计，既不会太低显得轻浮，也不会太高显得拘谨，能恰到好处地展现出优美的颈部线条。

这两段文案针对的是同一款产品，且都围绕"面料""尺码""领口设计"来讲解，显然，文案

B的内容更容易打动用户——除了"纯棉",还加入"穿在身上就像被云朵包裹一样",让用户感受到面料的轻柔与透气;在"领口设计"方面,采用"既不会太低显得轻浮,也不会太高显得拘谨,能恰到好处地展现出优美的颈部线条"的文案,让用户更有代入感且更容易理解产品设计的亮点。

产品介绍文案的策划,可以提炼为如下公式:

产品介绍文案=产品价值+用户价值

首先是产品价值,即产品的参数、外观、服务等。例如某箱包类直播间,关于产品价值的文案可以是"这款包采用的是高品质帆布材质""这款包的设计非常贴心,有多个隔层和口袋""包的侧面还有一个隐藏式拉链口袋"等。

不过,用户关注的往往不仅是"产品有多好",更重要的是"产品让我变得有多好"。因此除了介绍产品价值,还要介绍用户价值——告诉用户,产品能为其带来的使用体验和产品的实际效果。同样以该箱包类直播间为例,可以按照产品介绍文案的公式进行优化。

关于材质:这款包采用的是高品质帆布材质(产品价值),而且这料子超级轻便又耐用,背上它,不管是出游还是上班,走再远都不怕磨、不怕脏,时尚又实用,是你的出行好伙伴(用户价值)。

关于空间:这款包的设计非常贴心,有多个隔层和口袋(产品价值),这样一来,你的东西都能分门别类地放好,手机、平板电脑、文件,还有其他小物件,一目了然,找东西再也不用翻箱倒柜了(用户价值)。

关于亮点:包的侧面还有一个隐藏式拉链口袋(产品价值),贵重物品往里一放,安全又隐秘,出门在外,多一份安心,多一份自在(用户价值)。

📁 文案实战训练

假设你是一家音箱销售公司的直播策划人,请借助上述公式进行产品介绍文案设计,填写表7-5。

表7-5　产品介绍文案设计表

产品特点	文案内容
高保真音质	
外观时尚	
语音控制	
携带方便	

在采用"产品价值+用户价值"的基础上,运营者还可以借助三个技巧,进一步提升产品介绍文案对用户的吸引力。

(1)讲故事。介绍产品时,可以通过讲述创始人的创业历程、产品的研发插曲或用户的场景化故事等,加深用户对产品的印象。

例如某主播在直播间销售玉米时(见图7-3),分享了"一只手里拿着戳着玉米的筷子,另一只手贪心地抱着从水井里刚取出来的冰镇西瓜"等儿时发生的与玉米有关的故事。不少用户在评论区留言:"听着听着就哭了,哭着哭着就下单了。"

图7-3　主播销售玉米的直播截图

（2）谈对比。通过直观的对比，让用户清晰地看到产品的优势。

例如，某耳机销售直播间，主播直接把市面上常见的耳机进行对比，同时拆解耳机内部构造并讲解工艺差别，使用户更容易做出购买决策，如图7-4所示。

图7-4　某耳机销售直播间截图

在设计直播对比环节及文案时，如果涉及竞争对手的产品，需要避免提到对方的名字并避免出现对方的标志，防止引发投诉。

（3）讲反馈。真实的用户反馈，能够打消潜在用户的疑虑，增强他们的购买信心。因此在设计产品介绍文案时，主播可以用"看一个用户发来的反馈""读一下小伙伴发给我们的到货体验"等作为过渡，随后引用用户的反馈。示例如下。

我说得再好，也只是自卖自夸，对不对？但咱们家的产品，经得起千锤百炼，用户口碑"杠杠的"！来，我们看一个用户刚刚发来的"热乎乎"的反馈，这个小伙伴说："哎呀，收到货的那一刻，我真是惊呆了！包装严实，打开一看，质量'杠杠的'，跟我在直播间看到的一模一样，甚至实物更让人惊喜！"

还有这个反馈，是昨天晚上一个超级热情的小伙伴发给我们的到货体验，他说："一开始我还半信半疑，毕竟是网购。但收到货用了一次之后，我彻底佩服了！效果超乎想象，简直是物超所值，我已经推荐给身边的朋友了！"所以啊，大家别犹豫了，你们的下单，就是我们最大的动力。

课堂讨论

一个以销售果汁为主的直播间，主播应如何应用"讲故事""谈对比""讲反馈"的方式，让用户对果汁感兴趣？

任务四　直播促单转化文案的五种设计方法

人人都喜欢好产品，但未必人人都会购买它。因此，好的产品介绍文案能给直播间带来点赞量与收藏量，却未必能带来销售量。

为了有效提升销售业绩，防止出现"叫好不叫座"式的直播，直播运营团队需要专门策划直播促单转化文案，具体有五种方法。

1. 结合痛点，给出理由

在直播过程中，不少用户是抱着逛一逛的心态进入直播间的。要想用户在没有需求的情况下购买，需要给用户一个下单理由。这个理由应与用户的生活或工作息息相关，并且是令用户较为头疼的问题。

例如某厨房油烟机直播间的直播促单转化文案如下。

朋友们，你们有没有这样的经历？每次做饭，油烟四溢，做完饭整个厨房就像战场一样，油烟味久久不散，连衣服上都沾满了油渍，是不是特别烦（痛点1）？

另外咱们都知道，长期吸入油烟对肺部可不好啊（痛点2）！

现在下单，为了健康，为了厨房的整洁，这点投资，你说划不划算（理由）？

2. 简化流程，流畅下单

直播间的用户来自各个地区、处于各个年龄段，部分用户不下单的原因是觉得点击按钮、点击链接等购买操作麻烦。此时主播可用以下话术。

有些朋友可能还没下单，是不是觉得"哎呀，点这里、点那里，买东西好烦啊！"

别担心，主播在这儿给大家吃颗定心丸：如果你是头一回来咱们直播间买东西，咱们早就给你安排得明明白白了，保证下单超轻松！

看到屏幕下方那个闪闪发光的购物车了吗？对对对，就点它！第一个产品，就是今天咱们主推的产品，赶紧买起来！

3. 赠送礼物，展示诚意

在直播过程中，主播通过"一件、两件、三件……这六件都是赠品""左边的是我们的产品，右边摆得高高的，都是给大家的赠品"等话语，辅以一件件拿出的赠品，从听觉和视觉上让用户感受到超值，随后愿意抓紧下单。示例如下。

亲爱的家人们，你们看看这，别急着走啊！你拍一，我送一，赠品不是说着玩的！你瞧瞧，这第一个，是我们精心挑选的小礼品，日常用得上，贴心又实用；第二个，哇，这个可是市面上都难找的小样呢；再来，第三件，第四件……

你看这堆得跟小山一样的，全都是给你们的赠品！满满当当，都是主播的心意，就为了让你们感受到，这次购物，值了！赶紧下单吧，这种好事儿，可不是天天都有哦！

4. 讲解售后，消除疑虑

如果用户以前从未听说过某品牌或某产品，即使主播说得天花乱坠，他依然会心存疑虑——担心产品质量、担心售后无法保证。因此，主播可以通过强调"运费险""7天无理由退货""小包装用来体验，不满意随时退回"等，让用户放心地下单。示例如下。

各位，我知道你们心里可能在嘀咕："这东西真的好吗？买回去不合适怎么办？"别急，听我说！

咱们家产品，是支持全额运费险的，意思就是，你买回去，不喜欢，不满意，哪怕就是看着不顺眼，想退就退，运费都算我们的，你没有任何损失！

而且，咱们还有7天无理由退货政策——你收到货，有7天时间，慢慢试，慢慢用，觉得好再留下，不好就直接退，毫无压力！

5. 从众心理，引导评论

从众心理即通常所说的随大流，指的是个体在群体的影响下，放弃自己的意见并使自己的言论、行为与群体保持一致的现象。主播可以引导已经购买产品的用户，在评论区留言；随后，未购买的用户看到评论区不断出现的"已拍""已下单"等，由于从众心理，更容易下单。示例如下。

已经下单的朋友们，快在评论区留言吧！只要你在评论区留言"已拍"，我们的工作人员就会立刻统计，保证留言的朋友们优先发货哦！

还没下单的朋友们，别担心质量问题，你看，这么多人选择了我们，肯定物超所值啊！

任务五　直播互动文案的五个策划方法

用户的消费行为，往往会被身边的亲朋好友影响。对于某款新产品或者某个新品牌，很有可能出现售货员介绍了很久却无动于衷，但听身边人说"这个产品很好""我上次出现问题就买了这款产品，一用就好"时，用户就毫不犹豫地购买的情况。

直播营销，也要让用户把主播当朋友，而成为朋友的前提是及时互动，主播应及时关注评论区的问题，同时引导用户留言与互动。

直播互动文案的设计，有五个常用方法。

1. 人群定位法

人群定位法指的是通过提及特定地区或群体，激发用户的归属感和认同感，进而让被提及的用户更积极地参与讨论的一种方法。常用的人群定位互动如下。

（1）地区定位，如"我们的厂家在山东青岛。直播间有青岛的伙伴吗？"

（2）兴趣定位，如"直播间有没有喜欢钓鱼的伙伴？在评论区告诉我一下！"

（3）年龄定位，如"有没有'00后'的朋友？聊聊小时候最难忘的游戏是什么吧！"

（4）职业定位，如"直播间有没有老师或者教育工作者呀？不妨留个言。"

（5）性别定位，如"我想知道有多少姐妹在看直播？在评论区发个'1'！"

2. 封闭问答法

由于直播间用户的主要互动方式是发评论，因此主播可以提前提供选项，让观众快速做出选择。这一方法可以简化互动过程，提高用户直播参与度。示例如下。

大家夏天更喜欢穿短裤还是长裙？A选项是短裤，清凉又时尚；B选项是长裙，舒适又防晒。快来评论区告诉我你的选择，看看哪个选项更受欢迎！

主播在应用封闭问答法优化直播互动文案时，可以把开放式的问题改为封闭式的问题。例如，把"大家喜欢哪种风格"改为"大家喜欢哪一种颜色，火山红还是玫瑰紫"，又如，把"周末大家如何过"改为"周末大家打算在家里，还是出去逛逛"，等等。

课堂讨论

请把以下开放式问题改为封闭式问题。

（1）开放式问题：大家都在什么时候用耳机？

封闭式问题：＿＿＿＿＿＿＿＿＿＿＿＿＿＿＿＿＿＿＿＿＿＿

（2）开放式问题：购买鞋子时，大家更关注哪些方面？

封闭式问题：＿＿＿＿＿＿＿＿＿＿＿＿＿＿＿＿＿＿＿＿＿＿

（3）开放式问题：伙伴们，你们觉得什么才是好的休闲方式？

封闭式问题：＿＿＿＿＿＿＿＿＿＿＿＿＿＿＿＿＿＿＿＿＿＿

3. 游戏互动法

游戏互动法是通过让用户猜测某个未知信息，如价格、功能等，来激发他们的好奇心和参与欲望的一种方法。示例如下。

猜猜看，这款新品的价格是多少？最接近正确答案的前五位观众将获得神秘小礼品！快来评论区留言你的猜测吧！

需要强调的是，使用游戏互动法需要提前策划并由运营团队做好统计工作，在游戏结束后迅速读出获奖者的名字。否则，评论区可能会出现"骗人""根本没有中奖者"等负面内容，影响直播间口碑。

4. 意见征集法

意见征集法指的是用"大家想看哪款产品""大家想让我们哪个主播来讲""大家喜欢哪个赠品"等话术向观众求助或征求意见，增强直播的互动性的一种方法。

在直播过程中，多数时间由主播掌控全局，用户只能被动观看。而借助意见征集法，用户可以反客为主，从而感受到被重视，进而愿意深度参与。

示例如下。

哎呀，各位亲爱的朋友们，你们是不是看久了感觉像是在看一场独角戏呀？别急，别急，咱们直播间可不是一般的直播间，咱们这可是互动满满的欢乐场！来，现在轮到你们发话了，告诉我，你们最想让我讲的宝贝（指产品）是哪一款？

今天，你们说了算，主播就是你们的贴心小棉袄，保证让你们满意而归！记得哦，这不是单向的观看，咱们是双向奔赴！别犹豫了，快在评论区留言吧！

5. 点赞解锁法

直播平台通常会为优质直播间推荐更多流量，而直播间要得到平台推荐，除了好的销售量、好的口碑、较多的评论数量，还需具备较多的点赞量。因此，除了引导评论，主播也可以引导用户点赞，为直播间人气提升助力。

点赞解锁法指的是设置一定的点赞目标，当达到目标时，主播会解锁新产品、新福利或新活动，鼓励用户积极点赞的一种方法。

示例如下。

今天我们直播间的口号是：点赞破万，惊喜不断！大家的点赞数每达到一万，我们就会立即为大家解锁一款新产品，并且抽取三位幸运观众送出我们精心准备的神秘大礼！快来动动你们的小手指，一起把赞点起来吧！

课堂讨论

如果你是一家在线教育企业的直播策划人，主要销售"文案课""写作课"等网课。近期直播过程中发现，不断有人进入直播间，但几乎没有人在评论区互动。请在上述方法中，选择3种方法，为直播间设计直播互动文案。

【项目实训】用AI辅助做智能健身手环直播策划

　　假设你要为一款智能健身手环策划直播活动，请根据产品卖点及直播文案策划的思路和技巧，撰写一个直播文案脚本。可用AI辅助写作。

实战训练要求

　　（1）请从市场中选定一款智能健身手环，熟悉其卖点。

　　（2）请关注直播脚本模块中的关键模块——直播欢迎环节、产品介绍环节、直播促单转化环节、直播互动环节、直播应急环节，根据对应环节的具体要求写出AI提示词。

　　（3）班级内分组展示最终结果，并进行讨论。

项目八
新媒体文案相关技能

【学习目标】

- 了解新媒体活动策划方案的框架。
- 掌握新媒体文案图文排版技能。
- 懂得运用新媒体活动策划方案检验表。

【能力目标】

- 具备策划新媒体活动的能力。
- 能够熟练运用 AI 工具辅助新媒体文案运营工作。

【素养目标】

- 拥有解决问题的全局思维。
- 紧跟时代步伐，探索 AI 在新媒体文案运营工作中的新应用。

任务一　新媒体活动策划方案的撰写及自我检验

课堂讨论

很多企业都设置了新媒体文案策划岗位，你觉得这个岗位的主要职责有哪些？请在表8-1中你选择的选项后打钩。

表8-1　新媒体文案策划岗位的主要职责

选项	你选择的选项
策划文案。例如，新品上市，需要考虑如何用文案来传达信息	
策划一个活动并用文案展现出来。例如，策划一场春节互动活动，并做文案呈现	
先策划，再写文案，然后执行，最后总结	

新媒体文案人员不仅需要具备优秀的文案能力，更需要具备一定的策划能力，很多企业的新媒体文案岗位会被命名为文案策划、新媒体文案策划等，这都体现了企业对策划能力的重视。

策划是为达成一定的目标，在进行充分的市场调查及相关的背景下，遵循一定的方法或规则，针对未来可能发生的事情系统、周密地制定具有可行性的方案的过程。在新媒体文案策划的工作范围内，有很大一部分工作内容为活动策划。

↘ 一、新媒体活动策划方案的框架

新媒体活动策划主要包含节假日互动活动策划、特定背景的互动活动（如周年庆、公关活动）策划、新品上市活动策划、促销活动策划等类型。新媒体活动策划方案有十二个要素：活动目的、活动对象、活动背景、活动主题、活动方式、活动时间及地点、广告配合、过程监控（前期准备、中期操作、后期延续）、费用预算、意外防范、效果预估、相关附件。

新媒体活动策划方案通过对这十二个要素进行阐述，可让领导更好地评估活动的可行性及预算，也方便相关同事配合落地执行。

1. 活动目的

新媒体文案人员首先应明确活动目的，要根据活动目的来策划不同的活动方式。如果活动目的是提升销售量，那整个活动以提升销售量为主线，活动方式可能是送优惠券、购买立减等，并且设置的目标可能是销售量提升××%；而如果活动目的是扩大传播范围，则活动方式可能是有奖转发，活动目标则可能是阅读量达到××万、转发量达到××万、活动参与率达到××%。

2. 活动对象

活动对象是指活动针对的是哪部分人群，是整个目标市场还是特定的群体。活动对象决定了活动方式及广告投放渠道。如活动针对刚生完孩子的妈妈，则需要找到妈妈们的关注点，以及她们常去的社交媒体平台，在她们活跃的时间、地点，以她们乐于接受的活动方式开展活动。

3. 活动背景

活动背景主要阐述为什么要做这个活动，如销售量下滑、品牌知名度较低等原因。

4. 活动主题

活动主题主要是给目标人群一个参与活动的理由，主题需简短、有号召力，如公益活动的主题"为爱同行"。

5. 活动方式

说明企业通过什么样的方式达到活动目标。活动目的、对象、背景都会影响活动方式。常见的新媒体活动方式有有奖转发、有奖征集、抽奖、留言点赞、玩游戏送优惠券等。

6. 活动时间及地点

说明具体的活动时间及地点，不局限于现实生活中的地理位置，微信、微博等平台也算活动地点。

7. 广告配合

开展一次活动，有时需要相关的广告配合。此时需要确认广告投放渠道，如一个主要在微信公众号上开展的活动，还可通过官方微博、客服个人微信号等途径进行宣传等。

8. 过程监控

过程监控主要分为前期准备、中期操作、后期延续。

（1）前期准备。需要确认相关人员的安排、活动预演等。人员的安排需要确保每件事都有主要负责人及具体的完成时间，如谁负责物料设计、谁负责发放奖品、谁负责处理用户投诉等；另外，还需要进行活动预演，以确保活动整体流程顺利。

（2）中期操作。主要是在活动开展期间实时统计活动参与人数、用户反馈，遇到问题快速解决。

（3）后期延续。活动结束后，还需要考虑是否会有后期宣传，或是否需要回顾整场活动，让用户感受到活动的余温。

9. 费用预算

需列出各项事务的费用明细及总费用。此项主要是用于汇报的，用以评估具体花费是否合理。

10. 意外防范

每次活动都有可能出现一些意外，通过预测可能出现的问题，并思考得出对应的解决方法可将损失降低。如抽奖链接可能会出现问题，事先设置一个备用抽奖链接，一旦原抽奖链接出现问题，马上更换为备用抽奖链接。

11. 效果预估

效果预估就是预测本次活动将达到的效果，以利于活动结束后与实际情况进行比较，从活动宣传、活动执行、用户参与等方面总结待改进的方面。

12. 相关附件

新媒体活动策划方案的附件一般为"活动统筹执行表""活动推广表"等，主要用于确保活动顺利进行，让相关人员了解自己的工作职责等。

以上十二个要素组成了新媒体活动策划方案的框架，可根据具体情况调整框架。具体的呈现方式有PPT、表格、文档等。如需提交给外部公司或征集相关资源，则宜用PPT呈现，PPT方式的呈现效果好，能够体现企业对活动的重视程度；若为企业内部使用，而企业对方案无具体要求，也可用表格、文档的形式呈现。

表8-2所示为新媒体活动策划方案的示例。

表8-2　新媒体活动策划方案的示例

项目	具体内容
活动目的	通过在妇女节营销，提升天猫旗舰店销售量及品牌知名度。活动目的：玫瑰花茶销售量提升20%，了解品牌信息的人数达到10万
活动对象	所有新老用户
活动背景	三月天气微冷，是玫瑰花茶的销售淡季，通过在妇女节营销，鼓励用户购买玫瑰花茶，在夏季来临前创造一个玫瑰花茶的销售高峰
活动主题	宠爱"女神"节，邀你喝花茶
活动方式	1. 天猫旗舰店玫瑰花茶买1送1，共10 000份，通过天猫后台设置促销活动规则 2. 游戏互动送玫瑰花茶。通过H5页面互动，用户上传自己的照片即可生成有玫瑰花的封面人物效果；通过文字说明玫瑰花茶的功效，以及天猫旗舰店的促销活动，提醒用户领取品牌购物优惠券；用户可发起投票，封面人物效果图排在前10名的用户可获得玫瑰花茶大礼包
活动时间及地点	活动时间：3月6日—3月8日 活动地点：天猫旗舰店、微信公众号
广告配合	淘宝首页广告、微博美容类博主广告、微信公众号广告、淘宝销售客服、短信通知老用户
过程监控	—
费用预算	共××××元 1. 促销活动预算共××××元 2. 广告投放预算共××××元 其中淘宝首页广告×××元，微博美容类博主广告×××元
意外防范	1. 库存不够：提前备足库存，活动前三天再次确认库存 2. 用户太多，客服回复慢：一旦一个客服一分钟内接入的用户超过20个，立即让其他工作人员补上，以保证客服快速处理用户问题
效果预估	玫瑰花茶销量提升20%，并带动其他花茶的销售，预计送出优惠券3万张，10万人了解品牌信息
相关附件	附件1：活动执行表；附件2：常见客服问答

二、活动执行表及常见客服问答

从上述新媒体活动策划方案中可以了解到开展该活动的原因、需要达到的目的及活动方式等，但是为了确保活动前期、中期及后期的所有工作均有人负责，还需要一份活动执行表。策划人员需跟相关负责人商定各项事务的完成时间，以确保活动按计划完成。

活动执行表示例如表8-3所示。

表8-3　活动执行表示例

活动进程	工作项目	具体内容	负责人	完成时间	备注
活动前	互动页面开发与设计	互动页面流程示意图绘制	叶小鱼	1月4日	—
		互动页面文案撰写	叶小鱼	1月4日	—
		互动页面设计	刘婷	1月6日	—
		互动页面技术开发	陈晓明	2月10日	—
		互动页面测试及确认	陈晓明 叶小鱼	2月20日	需策划人员、信息开发人员和有关领导一起确认
	促销活动设置	天猫促销活动设置	李静	2月28日	—
		微信公众号送券活动设置	李静	2月28日	—
	库存准备	备货到仓库	王一	3月1日	—
	各类广告页面设计	淘宝首页广告设计	刘婷	2月20日	—
		店铺首页广告设计	刘婷	2月21日	—
		微信公众号图文广告设计	刘婷	2月22日	—
		博主广告设计	刘婷	2月23日	—
	广告投放平台沟通及确认	与需要投放广告的平台及博主沟通，并确认广告形式及内容	叶小鱼	2月25日	—
	客服培训	策划人员对客服进行整体活动的解说与答疑	叶小鱼	3月1日	对重点问题进行记录
	确认完成所有准备工作	确认及检查各项内容是否已完成	叶小鱼	3月2日	—

续表

活动进程	工作项目	具体内容	负责人	完成时间	备注
活动中	广告投放	广告投放检查	叶小鱼	3月6日	—
	活动数据跟进	每小时统计一次活动参与人数	叶小鱼	3月6日—3月8日	—
	活动客户问题跟进	每半天统计一次客服被问到的相关问题，并及时快速地解决	叶小鱼	3月6日—3月8日	—
活动后	发货	对销售出去的产品进行发货	王一	3月9日	—
	奖品发送	与在互动中获得奖品的用户沟通，并发出奖品	李静	3月9日	—
	活动总结	根据实际工作及效果，从广告投放、工作执行、用户参与、产品销售等方面进行总结	叶小鱼	3月15日	—

另外，由于新媒体活动多侧重于线上沟通，因此策划人员有必要为客服人员准备一份常见客服问答资料，保持品牌与用户之间的良好互动。在用户咨询时，客服人员需要敏锐地察觉用户真正想了解的信息，并根据情况进行回复。

常见客服问答示例如表8-4所示。

表8-4　常见客服问答示例

用户问题	客服解答
请问活动赠送的玫瑰花茶产自哪里？价值多少	感谢提问，我们活动中赠送的玫瑰花茶来自山东省。玫瑰花茶泡开后，有淡淡的玫瑰香，并且茶色清亮，喝起来有一点涩（专家说好的玫瑰花茶喝起来都有一点涩），如果您喜欢，可以在玫瑰花茶里加一点蜂蜜。这款玫瑰花茶价值99元（配图）
我刚参加了你们的上传照片生成封面人物的活动，我想知道，如果我没有排在前10位，还有机会获得玫瑰花茶大礼包吗	感谢您的参与，如果您不在前10位，也没有关系，我们还给您准备了一份小礼品，您可以通过点击活动页面的"领取优惠券"按钮领取5元的优惠券
请问活动什么时候结束	您好，我们的活动3月8日结束，活动参与人数多，建议您尽早参与

📦 文案实战训练

　　如果你是某款巧克力的新媒体文案策划人员，正逢七夕节，需要策划一场扩大品牌影响力的活动，你会如何策划？请写出一份完整的策划方案。

↘ 三、新媒体活动策划方案检验表

　　很多刚开始从事新媒体活动策划的工作人员，在写完新媒体活动策划方案后就直接将其交给领导，结果却面临方案的改动。因此建议在写完新媒体活动策划方案后，用表8-5所示的新媒体活动策划方案检验表自检，以避开新媒体活动策划方案中的常见问题。

表8-5　新媒体活动策划方案检验表

项目	是否符合预期
活动方式是否有助于达到活动目的	
活动方式及主题是否符合品牌风格	
活动是否可执行（相关功能是否可实现）	
活动能否吸引目标用户参与	
活动是否方便目标用户参与（由于新媒体平台上目标人群的活跃时间比较零散，所以活动需设置成方便目标人群参与的方式）	

📦 文案实战训练

　　请对照新媒体活动策划方案检验表，查看自己的新媒体活动策划方案是否达标，如未达标，请修改策划方案。

任务二　新媒体文案图文排版技能

　　本任务主要介绍两种新媒体文案图文排版技能：微信文案图文排版、海报文案图文排版。

↘ 一、微信文案图文排版

　　完整的新媒体文案不仅包含广告文字，也包括整体的广告创意呈现方式。微信文案图文排版即将图片的摆放方式、文字大小、文字颜色等元素组合在一起运用在微信公众号推送的文案里。一个好的排版设计，会给文案整体效果加分；一个差的排版设计，则很可能让人不信任品牌，甚至影响品牌形象。

　　因此，新媒体文案人员在进行图文排版前，需要研究清楚目标用户。针对中老年人群的微信文案，重点信息字号偏大，颜色多样；但这样的排版风格，用在目标用户是年轻人的微信文案上，则

容易影响品牌形象，无法吸引年轻人的注意力。

如何让图文排版为文案整体效果加分？从图文排版方法、图文排版风格、排版注意事项三个方面分别阐述。

1. 图文排版方法

图文排版，是为了更好地传递文案信息。在一篇长文案中，最重要的信息是文内小标题，通常小标题字号要大于正文字号，甚至可以给小标题用特别一点的样式、颜色，方便读者浏览，使读者能够很快通过小标题掌握相关内容。

重要信息可通过放大文字、变更文字颜色、增加底色的方式来体现。图文排版可通过微信公众平台自带的编辑器实现，也可以通过第三方工具辅助美化。新媒体文案人员进行图文排版设计时，可参考以下内容。

（1）字体统一，文字颜色不超过三种。例如，一个段落里，为了突出一些信息，使用各种颜色、不同字体，这会让整体过于花哨，影响读者的阅读体验。

（2）段落格式。首行缩进两个字符是书写的标准格式，因手机屏幕小，也有很多设计人员不缩进，顶格写，但通常建议用标准格式。通常，段落内行距用1.75倍能让读者看得更舒服，段落之间通常上下空一行，这样视觉效果更佳。段落格式参考如图8-1所示。

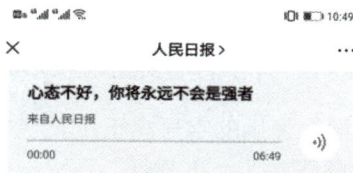

图8-1　段落格式参考

（3）文字格式。正文字号建议采用15～16px，字号过小，读者容易眼疲劳，过大则浪费空间。在段落中，要强调部分文字，可采用加粗的方式，如图8-2所示。

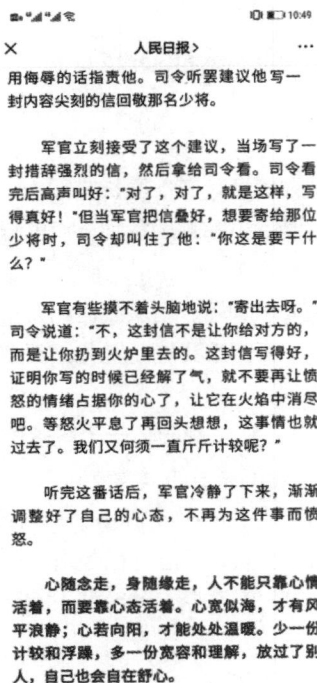

图8-2　用加粗的方式强调部分文字

如果是图片、视频的注释，建议使用的字号小于正文字号，文字颜色用比正文文字颜色更淡的灰色。注释放在图片或视频下方，上不空行，下空一行。在注释前，可用小符号（如"▲""↑"）做视觉引导。图片注释如图8-3所示。

图8-3　图片注释

以上格式，基本可通过微信公众平台自带的编辑器实现，如需更多效果，可运用第三方工具，如秀米、135编辑器等。运用第三方工具需考虑兼容性的问题。

2. 图文排版风格

通常每个品牌都有固定的品牌色系、品牌元素，有一套标准的视觉规范，因此，新媒体文案人员在图文排版设计上，应该充分考虑这些因素。例如，天猫的品牌色系是红色，支付宝的品牌色系是蓝色，微信的品牌色系是绿色。

通常，在一篇微信文案的开头、中间标题，以及结尾部分，均可通过品牌色系和品牌元素展现品牌形象。叶小鱼品牌形象展示如图8-4所示。在开头，可使用固定的品牌广告语并辅以品牌卡通形象；中间标题采用品牌色系——黄色；在结尾，采用品牌广告语、品牌卡通形象与本账号二维码，一方面作为品牌固定广告出现，另一方面在文案结尾，提醒没有关注本账号的人扫描二维码关注。

图8-4　叶小鱼品牌形象展示

除了内文的品牌色系统一，外部信息的呈现也需考虑品牌色系的统一。图8-5中的微信公众号的信息推送，栏目信息均采用固定的字体。

另外，如副推文较多，也可考虑在整体风格统一的前提下，让每个副推文的封面图连为一体。图8-6中，某品牌微信公众号的副推文封面图连起来是"新年快乐"几个字。

3. 排版注意事项

（1）排版样式统一、稳定，切不可过多变换。今天用红色，明天用绿色，容易造成品牌形象混乱。

（2）尽量简洁，切不可堆砌设计元素。如大量使用加粗、使用多种字体颜色及底色等都是不可取的。

（3）内容模块主次分明，强调标题，正文字体字号统一；附加模块（如引导关注部分、广告图）所占的比例不应超过全文的20%。

图8-5　某品牌微信公众号信息推送风格

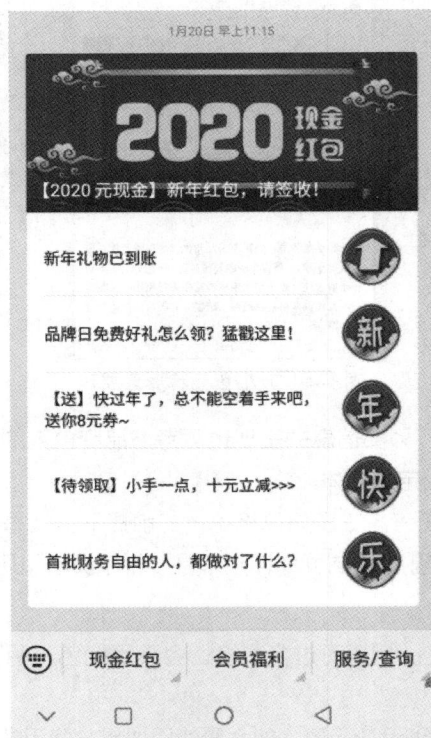

图8-6　某品牌微信公众号副推文封面图

二、海报文案图文排版

不论是活动海报还是商品海报都离不开五个元素：卖点、支撑点、商品图、行动引导、品牌商标。

（1）卖点：能够体现这个活动或者商品最大的特色，能够让人一眼看出这是关于什么商品、什么活动的海报。

（2）支撑点：主要是对卖点的补充，告知用户为什么要相信大主题中所说的内容，有什么具体的理由。一般列出三个支撑点。

（3）商品图：展示商品具体的内容，若是服务类商品，则用服务人员形象照、目标用户形象照替代。

（4）行动引导：常放置于海报底部，给用户一个立即行动的理由，引导用户立即购买或立即参与活动。

（5）品牌商标：告知用户活动或商品的品牌信息。

海报元素如图8-7所示。

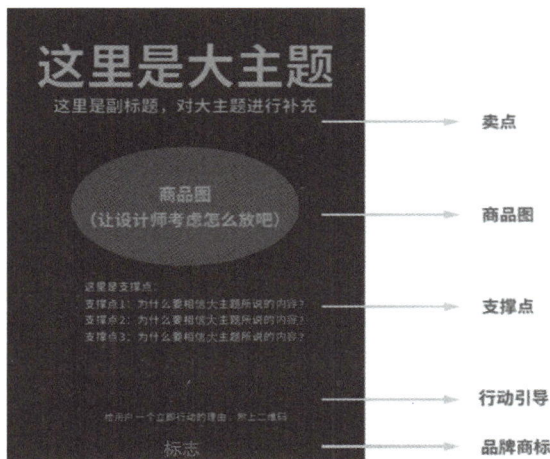

图8-7　海报元素

排版设计也会影响信息传递。如将图8-8中的两张海报投放在朋友圈，海报文案一样，但在排版上有不同，效果也完全不同。

首先，对于上方的海报，能看到主要的四个字"海报文案"；而对于下方的海报，第一眼看到的是"3招点爆你的海报文案"。后者传递的信息更完善。

其次，在整体颜色上，上方的海报颜色偏淡，整体看起来较和谐；下方的海报使用各种颜色，因为投放在朋友圈，下方的海报更容易吸引人。

最后，在信息的分布上，上方海报右上角的文字，很容易被视为无效文字。一方面用户在看完"海报文案"四个大字后，会继续往下读，很容易忽略右上角的文字；另一方面，采用竖排格式，不太符合用户阅读习惯，尤其是大部分文字为横排文字。排版设计人员应通过调整字号、文字颜色，根据用户阅读习惯来引导用户的视线。

图8-8　文案相同但排版不同的海报

因此，在排版设计上需要注意以下三个方面。

（1）确保让用户第一眼看到的信息是完整、有吸引力的。

（2）设计颜色时考虑海报投放的渠道。

（3）排版要符合用户阅读习惯，并合理引导用户视线。

任务三　AI赋能新媒体文案运营

人工智能（Artificial Intelligence，AI）技术的发展，为新媒体文案运营人员带来了诸多便利。本任务介绍AI如何赋能新媒体文案运营。

↘ 一、AI 工具及特点

市场上有多种AI工具，涵盖了文本、图片、视频和音频等多个领域。比如ChatGPT，是由OpenAI开发的聊天机器人，可以进行自然语言处理，如回答问题、撰写文本、生成创意内容等；而Midjourney、Stable Diffusion均为强大的AI绘画工具，适用于艺术创作和设计。

目前，国内AI技术发展极快，常见的自然语言处理类AI工具如下。

（1）文心一言：知识增强型大模型，可用于辅助写文章、做报告，解答专业问题等，还能陪用户聊天。其应用场景全面，涵盖日常生活、办公的多个方面，依托百度强大的搜索引擎，可靠性较强。

（2）讯飞星火：科大讯飞推出的集多种功能于一体的 AI 产品，具备跨领域的知识和语言理解能力，支持文字与语音的无缝转换，还提供丰富的插件功能，如 PPT 生成、代码优化、思维导图生成、短视频脚本生成等，能有效提升工作、学习效率。

（3）智谱清言：由智谱公司基于 2023 年训练的大模型 GLM-4 开发而成，不仅能完成文案创作，还能将各种创意想法转化为图画，并且可以一键生成 WPS 表格宏代码，此外还对互联网"热梗"十分了解。

（4）通义千问：阿里云推出的大模型，功能覆盖丰富多样的智能场景，在逻辑推理、文案创作方面表现出色，能够与用户进行多轮对话，续写小说、草拟专业电子邮件等都不在话下。

（5）豆包：字节跳动推出的大模型，具备语言翻译、PDF 问答、网页摘要等功能。豆包可以作为搜索小助手，能帮助用户查找各种信息；也可以作为英语学习的好帮手，能够提供地道的英语表达和词汇选择。

（6）DeepSeek（深度求索）：由幻方量化孕育的通用大模型，凭借高性能、开源特性和极致的成本控制，成为全球AI领域的新标杆。DeepSeek 应用广泛，能化身智能客服，快速响应客户咨询，或是成为聊天机器人，与用户友好交流。在内容创作上，它可撰写新闻、故事等各类文本，还能辅助学术写作。在翻译领域，它助力多语言转换，打破语言壁垒。编程时，它能自动生成代码，还能对代码进行纠错优化。教育场景里，它能作为学习助手，解答学生疑问，辅助教师备课、批改作业。医疗场景中，它能为个人健康管理提供支持，用于 AI 导诊、预问诊，辅助医生诊断和书写病历，提升医疗效率与准确性 。

（7）腾讯混元助手：依托腾讯的混元大模型，目前需通过微信小程序使用，功能比较全面，涵盖工作、生活、娱乐等多个领域。

（8）Kimi Chat：支持长文本处理，能处理多种格式的文件并进行总结。

以上AI工具均可用来辅助写作。AI辅助写作具有高效、内容质量相对稳定、数据驱动与知识融合、语言风格多样且适应性强的特点。

① 高效。AI能快速生成内容，在创作新闻稿、产品介绍等时，能很快产出初稿，大幅提升工作效率，如可根据产品信息迅速生成电商产品文案。且AI具备多任务处理能力，能同时开展多个写作任务，为不同项目或品牌服务。

② 内容质量相对稳定。AI生成的内容语法和拼写准确性高，且可自动纠错，使文案基本质量得到保障，在商务文档撰写中作用明显。AI生成的内容的风格基本一致，利于品牌形象维护。

③ 数据驱动与知识融合。AI拥有强大的知识整合能力，可从海量数据中提取知识点并融入文案，撰写科技、历史等方面的专业文案时能提供准确信息；还能追踪热点并巧妙关联，在社交媒体文案创作中结合流行话题，增强文案时效性与话题性。

④ 语言风格多样且适应性强。AI支持多种语言的写作，能满足跨国及多语言用户创作需求；还能根据文案类型灵活调整风格，如短视频平台的文案口语化，行业报告则严谨专业。

↘ 二、AI提示词技巧

在 AI 广泛应用的当下，掌握 AI 提示词技巧，能高效地获取高质量结果。

好的AI提示词应具备如下特点：精准性、结构性、适配性、可迭代、合规性。

（1）精准性。精准性描述的是指令明确度和要素完整度。

① 明确度。要避免提示词过于模糊，示例如下。

模糊提示：写篇产品文案。

优质提示：以数码测评博主的身份，用150字描述iPhone 15的夜间拍摄功能，要求与华为Mate 60对比，包含"计算摄影""传感器位移防抖"等专业术语。

② 要素完整度。提示词通常具备四要素：角色（Role）、任务（Task）、约束（Constraints）、输出格式（Format）。

角色：明确 AI 扮演的角色，帮助其从特定视角理解任务。比如将角色设定为资深律师，AI 就能从专业的法律角度思考问题。

任务：清晰阐述需要AI完成的具体任务，如撰写一篇产品推广文案，明确AI的创作方向。

约束：提出对任务的限制条件，如规定文案字数不超过 300 字、语言风格幽默风趣等，让 AI 创作的内容更贴合需求。

输出格式：指定 AI 输出内容的呈现形式，如要求以表格形式呈现数据，或用段落形式阐述观点。

示例如下。

角色：美食博主。

任务：介绍一道家乡特色菜的做法。

约束：使用简单易懂的语言，步骤不超过 5 步，突出食材的独特之处。

输出格式：以有序列表形式呈现。

输出内容如下。

准备主要食材：五花肉 500 克、梅干菜 200 克（本地梅干菜香气浓郁，是这道菜的灵魂）、葱姜蒜适量。

五花肉焯水后切片，用料酒、生抽、盐腌制 15 分钟。

梅干菜泡发洗净，挤干水分，加入油、白糖拌匀。

将腌制好的肉片铺在碗底，放上拌好的梅干菜。

放入蒸锅，大火蒸 30 分钟后倒扣装盘 。

（2）结构性。为提升AI输出内容的可控性，可使用分层递进结构和权重标记法。

① 分层递进结构。分层递进结构是指先给出背景，再明确主要任务，最后提出具体要求。该结构能让 AI 清晰理解任务，从整体到细节逐步推进，产出更符合需求的内容，示例如下。

背景：七夕节美妆品牌营销。

主要任务：生成5条小红书笔记标题。

具体要求：

包含关键词"学生""平价"；

使用疑问句结构；

避开"廉价""低端"等负面词汇。

② 权重标记法。权重标记法是在与 AI 交互时，对不同内容赋予不同权重以明确重要程度的方法。使用权重标记法能让 AI 按设定权重突出重点，合理分配内容。如要生成某抗皱产品的文案，可输入"重点突出产品抗皱效果（权重80%），次要说明包装设计（权重20%）"。

（3）适配性。应根据不同平台特点设计提示词，举例如表8-6所示。

表8-6　根据不同平台的特点设计提示词示例

平台	提示词设计要点	修正案例
小红书	添加"痛点场景+情绪词"	原："防晒霜推荐" 优化："油皮早八人救命！通勤不闷痘的防晒霜"
知乎	要求"引用文献+对比数据"	原："手机推荐" 优化："2024年DXOMARK评分TOP3机型实测对比"
抖音	设定"秒级节奏点"	原："产品介绍" 优化："前3秒展示使用前后对比"

（4）可迭代。可迭代是一种动态优化的方法。可利用渐进式修正法或借助语义链技术，让结果不断贴近目标需求。

① 渐进式修正法。在不同轮次对 AI 任务进行调整，以达到最优效果。

示例如下。

第一轮提示词：生成5个运动耳机卖点。

第二轮提示词：剔除"音质好"等泛化表述，增加"耳翼结构设计"等差异化特征。

② 语义链技术。通过连续追问建立逻辑链："什么是'Z世代'美妆消费特征？"→"如何将这些特征融入眼影盘文案？"→"生成符合特征的标题"。

（5）合规性。伦理合规，是AI 生成内容的红线。风险过滤机制可用于保障内容合规，包含：前置指令，如要求严格遵守广告法，禁用绝对化用语；后置检测，借助工具筛查违禁词。

在AI深度融入社会生活各领域的当下，熟练掌握 AI 提示词技巧，已然成为新媒体文案人员的必备技能。对具有精准性、结构性、适配性、可迭代与合规性的 AI 提示词的应用，为新媒体文案人员高效工作发挥着不可或缺的作用。

这些特点相互关联、协同作用，共同构成了人与 AI 有效交互的准则体系。在实际应用中，新媒体文案人员应充分运用具有上述特点的提示词，能够引导 AI 输出符合预期、品质上乘的结果。这不仅有助于提升工作效率、成果质量，更能推动AI在各行业的深度应用与创新发展，释放AI巨大的潜能，为社会发展注入源源不断的动力。

↘ 三、用AI生成新媒体内容日历

课堂讨论

你知道什么是新媒体内容日历吗？如果让你用AI制作新媒体内容日历，你会写什么提示词？

在新媒体运营的复杂生态中，内容的稳定输出与有效传播至关重要，而新媒体内容日历则是确保内容质量和有效传播的有力工具。新媒体内容日历，本质上是一种内容规划工具，以时间为轴，系统地安排发布内容的主题、形式、发布时间等关键要素。它如同一份详细的蓝图，让运营者对未来一段时间内的内容产出与投放有清晰的认识，避免内容发布的混乱与无序。

制作新媒体内容日历具有多方面的重要意义。从运营节奏来看，它能确保内容的持续稳定输出，维持用户的关注度与黏性，避免出现内容断更或发布时间随意的情况。从内容角度来看，它有助于运营者提前策划系列主题内容，围绕品牌定位和用户需求进行系统布局，提升内容的连贯性和深度；同时，考虑到节假日、热点事件等因素，它有助于及时调整内容方向，增强内容的传播效果。

1. 新媒体内容日历的四个维度

新媒体内容日历有四个维度。

① 时间维度。结合平台流量周期（如抖音周末流量峰值较高）制作新媒体内容日历。

② 主题维度。按比例规划多元主题内容，比如产品宣传、结合节假日热点、品牌宣传等不同主题。

③ 形式维度。按照不同形式的维度来安排内容。不同形式的内容对用户的注意力影响不同，通常短视频>图文>长视频。

④ 数据维度。建立历史"爆款"内容复用机制，对历史点击率大于等于15%的内容每月复用一次。

这四个维度相辅相成，共同组成新媒体内容日历的科学架构。在时间维度锚定流量高峰，在主题维度丰富内容层次，在形式维度契合用户偏好，在数据维度挖掘"爆款"潜力。运营者从这些维度出发，能让内容发布更具节奏与策略性，高效提升内容传播力、品牌影响力，实现内容价值最大化。

2. 巧用五步生成法，打造新媒体内容日历

新媒体运营者借助 AI 的力量，通过角色锚定、信息注入、智能调研、日历生成、动态优化五步精准打造符合用户需求的新媒体内容日历。

（1）角色锚定。角色锚定作为内容创作的起点，明确了内容输出的视角与专业方向。在此步骤中，设定角色为 "拥有三年经验的教育类账号运营专家，擅长将知识产品与热点融合，熟悉小红书、抖音算法机制"。这样的角色设定，能够使AI从专业运营视角出发，理解内容创作的目标与要求，为后续步骤筑牢根基。

（2）信息注入。信息注入即为内容创作提供原材料，通过结构化数据模板，将关键信息传递给AI。涵盖核心产品，如"文案写作课程"，内容包含方法论（40%）、成长日记（30%）、商业变现（30%）三个板块，并配有相应话题标签，以及发布节奏为每周一、三、五 19:00 发布短视频。这些信息能使AI全面了解账号定位与运营节奏，确保生成内容与账号整体风格保持一致，并有利于达成目标。

（3）智能调研。智能调研是深入洞察用户的关键环节。根据明确的调研指令，AI能够生成典型用户画像并剖析其内容偏好。例如，AI生成转型传统行业文案人（痛点：技能断层焦虑）、应届新闻与传播学毕业生（需求：求职作品集指导）、副业变现新手（痛点：担心投入产出比低）这三组用户画像。

（4）日历生成。日历生成是将前期准备工作转化为实际内容的环节。例如，依据特定输出要求，让AI生成七月第一周的新媒体内容日历，而且在日历中，要清晰呈现每天的内容类型、主题、核心"钩子"，以及转化埋点。例如，七月一日发布短视频，主题为"新手会犯的五个文案错误"，核心"钩子"为"别再被甲方批评了！第三个错误 90% 的人都在犯"，转化埋点是评论区置顶的免费试听课链接。这种结构化的输出，使内容发布计划清晰明了，便于运营者统筹安排与执行。

（5）动态优化。动态优化是确保内容优质有效的关键步骤，通过"计划—执行—检查—处理"循环实现。AI生成初版新媒体内容日历后，进入计划阶段；人工标注重要节点，进入执行阶段；接着运用飞瓜数据预测每千人成本，进入检查阶段；依据数据反馈调整优化，进入处理阶段。通过不断循环优化，能够根据市场变化与用户反馈及时调整内容，保持竞争力与吸引力。

五步生成法为新媒体内容创作构建了一个完整且高效的流程。从明确创作角色，注入关键信息，深入调研用户，生成内容日历，再到动态优化，环环相扣。新媒体运营人员只需依照这些步骤，合理运用提示词设计技巧，便能借助AI的强大能力，打造出高质量、符合市场需求的新媒体内容日历，在新媒体领域实现精准营销与高效传播，提升账号的影响力与商业价值。

↘ 四、用AI生成不同类型的文案及优化

合理运用AI，有助于完成各种文案的写作，如"种草"文案、品牌宣传文案、短视频脚本，并且能借助AI进行内容优化，以达到最好效果。

1. "种草"文案

在新媒体营销领域，"种草"文案是促使用户产生购买行为的关键一环。其核心公式为：痛点场景 + 产品卖点 + 情绪共鸣。通过挖掘用户在特定场景下的痛点，引出产品的独特卖点，并引发情感共鸣，从而实现高转化率。

撰写"种草"文案时，新媒体运营人员可参考以下提示词结构。

（1）开头使用"痛点场景 + 感叹词"的句式。

（2）植入两个具体的使用场景。

（3）添加产品对比测试数据。

（4）添加两个平台热门话题标签。

例如，AI生成防晒霜"种草"文案如下所示。

标题：谁懂啊！夏天脸上涂防晒"糊猪油"的日子终于结束了！

正文：姐妹们，你们经历过涂完防晒后，脸黏到可以粘蚊子、补涂时粉底搓泥、暴晒一天回家还黑三度的绝望吗？这瓶××水感防晒乳真的很好用！

场景1：早八通勤。清晨7:30出门，你可以挤1元硬币大小的防晒乳，在脸部拍开，防晒乳直接成膜，只需30秒，即可搞定防晒和妆前！肤感凉凉得像喷了薄荷水，油痘肌肤质的同事亲自测试，脸部一上午清爽不泛油光。

场景2：周末暴走。中午12:00爬山，这款防晒乳能有效抵御紫外线，3小时补涂一次，对着自带的小镜子按压上脸，完全不破坏底妆！

对比测试。某款防晒霜涂完，脸部反光能当镜子，这款防晒乳抹开，脸部哑光质感；某款防晒乳1ml需要8元，这款防晒乳，功效相同的情况下，1ml只需要3元，适合"学生党"！

添加热门话题标签：#不怕晒！#夏季防晒推荐！

2. 品牌宣传文案

品牌宣传文案是品牌价值观与形象的展示窗口，核心公式为：品牌故事 + 情感共鸣 + 价值主张。通过讲述品牌的相关故事，融入用户真实反馈，传递品牌的价值理念。

撰写品牌宣传文案时，新媒体运营人员可参考以下提示词结构。

请以"过去—现在—未来"为叙事主线，为××品牌撰写品牌宣传文案，需满足以下要求。

（1）结构要求。过去部分描述品牌创立初期的核心挑战与初心（50字内）；现在部分展现当前技术突破与市场认可（50字内）；未来部分展望行业趋势与品牌使命（50字内）。

（2）用户反馈。每段结尾插入一句真实用户评价。

（3）关键词植入。全文自然融入创新、体验、可持续未来三个品牌专属词汇。

（4）语言风格。理性中带有温度，避免夸张修辞。

AI生成案例如下所示。

过去：2015年，当智能穿戴设备还在被诟病"数据不准、续航短"时，××科技创始人李明带领团队深耕算法，致力于实现"毫米级运动监测精度"。创新不是口号，是无数次凌晨4:00的实验室迭代。（用户评价：我是最早一批试用者，该品牌心率监测比大品牌要精准！）

现在：从智能手表到AI健康管家，××以"体验"重新定义人机交互。2023年，其自研芯片实现心率、血氧、血压三项数据的医疗级认证，全球用户超2 000万人。（用户评价：它提醒了我可能患有心律不齐。）

未来：面对人口老龄化社会，××正在构建"可持续未来"的健康生态——通过穿戴设备提前预警慢性病，降低医疗资源消耗。让科技不是冷冰冰的数据，而是温暖的守护者。（用户评价：老人们的子女能远程查看健康数据，子女安心多了。）

要优化此类文案，可采取以下手段：增加数据背书，如提供专利号、研发投入占比具体数据，提升数据可信度；强化视觉联想，增加"××分子结构"等具象化描述，加深用户印象；避免同质化，禁用"匠心""臻选"等词汇，突出品牌独特性。

3. 短视频脚本

撰写短视频脚本的关键在于在前三秒吸引用户的注意，遵循"强冲突开场 + 信息密度控制 + 行动指令"的公式。

提示词结构如下。

（1）前三秒包含"别划走"等强引导词。

（2）每两秒切换一次镜头（产品特写／使用场景／效果对比等）。

（3）植入一个反转剧情。

（4）结尾设置互动话术。

AI生成的案例结构如下。

镜头一（0~2秒）。画面部分为女生对着镜子挤痘痘（特写红肿痘），手指挤压痘痘渗出脓液（慢镜头）；文案部分为别划走！痘痘反复五年，踩雷多款面膜的血泪经验，真不想你们再浪费钱！音效部分为急促倒计时滴答声+镜子碎裂特效音。

镜头二（3~5秒）。画面部分为桌面堆满空面膜袋（特写品牌logo），手快速扫开垃圾，镜头定格在一盒面膜上（产品特写旋转）；文案部分为直到找到这个××祛痘膜！（镜头推近证书编号）我亲测……

镜头三（6~7秒）。画面部分为女生（夸张表情）敷面膜时突然跳起，撕下面膜扔进垃圾桶（慢动作）。文案部分为……刚上脸刺痛？难道又"翻车"了？音效部分为悬念音效：咚。

镜头四（8~9秒）。画面部分为手机弹出消息，镜头展示微信对话框特写，亲爱的，刺痛是正常的，说明面膜在起效哦！女生恍然大悟；文案部分为问了客服才知道，微刺才管用！

镜头五（10~11秒）。画面部分为对比画面左脸（敷前红肿痘）和右脸（敷三次后痘瘪了）；文案部分为连敷三天，这颗巨痘已经瘪了！更有第三方数据报告……

镜头六（12~13秒）。画面部分为女生抱面膜盒微笑，女生身后弹出价格为79元一盒，下一秒镜头中，价格被划掉变成买一盒送一盒；文案部分为原价79元一盒，现在买一盒发两盒！

互动话术在评论区晒你使用本面膜前后对比图，选五人免单！敢不敢真实挑战？

优化短视频脚本，要注意控制节奏，每句话通常少于八个字，让观众快速接收信息；强化字幕，关键数据用动态箭头标注，突出重点；同时，根据平台特点选择语言风格。

【项目实训】利用AI工具给玛瑙手串撰写"种草"文案

请尝试利用AI工具给"柿柿如意"南红玛瑙手串（见图8-9）撰写一篇"种草"文案，并分组讨论指令写作及最终成果。

写作背景：该手串为"锦鲤与海"原创珠宝设计品牌的产品。该品牌崇尚原创设计，鼓励人们追求梦想，即使梦想可望不可即，也要勇敢追求，正如鲤鱼跃龙门，进入大海则化身为龙。

品牌简介：品牌主理人为某知名作家，曾在珠宝公司工作，后因工作原因关注到水晶、珍珠。这是她和几个兴趣相投的朋友一起做的原创珠宝设计品牌，想要展示大自然迷人的纹理和颜色。该品牌崇尚天然材质，金属配件多为925银、K金。

图8-9　手串示意图

实战训练要求

（1）能够体现该手串的材质特点及相应寓意：川料满肉南红、天然淡水珍珠、925银镀金锦鲤小吊牌。

（2）语言风格参考锦鲤与海品牌简介，要求文案风格与品牌风格契合。

（3）能够体现积极向上的品牌内涵。

（4）符合小红书的特点。

（5）班级内分组讨论，分享最终文案及所用AI工具和提示词。